# 一本书学会
# 波浪理论

江道波◎编著

中国宇航出版社
·北京·

图书在版编目（CIP）数据

一本书学会波浪理论 / 江道波编著. -- 北京 : 中国宇航出版社, 2023.2

ISBN 978-7-5159-2028-3

Ⅰ. ①一… Ⅱ. ①江… Ⅲ. ①股票市场－市场分析 Ⅳ. ①F830.91

中国版本图书馆CIP数据核字(2022)第256229号

| | | | |
|---|---|---|---|
| 策划编辑 | 田芳卿 | 封面设计 | 王晓武 |
| 责任编辑 | 吴媛媛 | 责任校对 | 卢　珊 |

| | | | |
|---|---|---|---|
| 出　版<br>发　行 | 中国宇航出版社 | | |
| 社　址 | 北京市阜成路 8 号<br>（010）68768548 | 邮　编 | 100830 |
| 网　址 | www.caphbook.com | | |
| 经　销 | 新华书店 | | |
| 发行部 | （010）68767386<br>（010）68767382 | | （010）68371900<br>（010）88100613（传真） |
| 零售店 | 读者服务部<br>（010）68371105 | | |
| 承　印 | 三河市君旺印务有限公司 | | |
| 版　次 | 2023 年 2 月第 1 版 | | 2023 年 2 月第 1 次印刷 |
| 规　格 | 710 × 1000 | 开　本 | 1/16 |
| 印　张 | 14 | 字　数 | 183 千字 |
| 书　号 | ISBN 978-7-5159-2028-3 | | |
| 定　价 | 49.00 元 | | |

本书如有印装质量问题，可与发行部联系调换

# PREFACE 前　言

拉尔夫·纳尔逊·艾略特提出的波浪理论，实际上是金融市场一种特定而独特的公式。该公式以“五浪推动，三浪调整”这样一个八浪循环为主基调，解决了市场参与者的诸多心理怪病。

金融市场中的搏杀靠的是理智，理智来源于知识的力量。作为中小投资者，没有资金优势，更没有及时的信息来源，同时又夹杂着人性弱点的操作行为，无疑会将自己置于危险之中。认识市场、了解市场、掌握市场运行的规律，把握某一市场特定的价格脉动韵律，是中小投资者的取胜之道。

艾略特的波浪理论以其独特的方式诠释了市场行为。艾略特发现市场价格具有可以识别的运行模式，他辨认出的这些模式在形态上不断重复。艾略特将一些重要形态分离出了13种波浪，并且解释了它们如何相连及其之间的关系。

艾略特的后继者、波浪理论大师小罗伯特·普莱切特说：“波浪理论是目前最好的预测工具，但它不止是一种预测工具，它是对市场行为的细致刻画。这种刻画的确传达了有关市场在行为的连续统一中所处的位置，及随后可能出现的运动轨迹。”

波浪理论的主要价值在于，它为市场分析提供了一种预测的方式。试想，一个独立的市场参与者如果能够了解和掌握以上描述的市场概况及其内在关系，那么对于某个市场或某个品种的价格脉动的判断不就近在咫尺了吗！

真金白银的交易实战是最能反映人性本能的。既然大家参与市场交易，就不可避免地被人性复杂的因素左右，贪婪、恐惧、忧虑与愤怒等一系列人性弱点充斥在日常的交易过程中。为什么会这样呢？因为中小投资者不知道价格涨了能否再涨，跌了在哪里能止跌。因为贪婪，利润被市场拉回了几次后就会转为恐惧；因为贪婪，不断加仓会造成亏损扩大，由此产生愤怒。形成恶性循环是一个更加危险的情势，如要挽回，则需付出数倍于常人的努力。

既然投资者选择了这个市场，就应该顺应它，而不是去控制它。平时讲的“顺势而为”是建立在了解市场行为，明白其存在的规律基础上的。艾略特的波浪理论在这方面给了投资者很多帮助，它能够告诉投资者市场目前所处的位置以及今后可能运行的方向，它是投资者的“导航仪”，更是中小投资者的指路灯。

正如普莱切特描述的那样：“我还没有遇到哪个人能用合理的概率为基础的完全理性的程序进行投资或交易，而不允许贪婪、恐惧、无关的观点或者不相关的判断来干涉。对于有着超然纪律的人来说，波浪理论会产生财富，其他方法也会。然而，其他解读市场的方法不能带给你的，波浪理论可以做到。它是一种框架，在这个框架中我们观察、思索并享受人类社会活动的美丽天性。艾略特的观念反映了一种理论，你能很容易地自己去验证这种理论，并从此以一种新的眼光来看待市场。”

CONTENTS 目录

# 第一章

# 波浪总论

# 第一节　波浪理论鼻祖——道氏理论

在艾略特波浪理论产生之前，已经有人在观察和研究道琼斯工业平均指数变动时，发现了价格的升落与涨跌规律——尽管价格在某一时点上是随机不定的，但就一段时期的波动来看，它的涨跌起落的趋向犹如大海的波动，是有规律可循的。这种价格的涨跌波动就像海潮起落，这就是本节将要重点论述的道氏理论的精髓。

在技术分析领域，道氏理论堪称所有市场技术分析的鼻祖，也是华尔街历史最悠久的技术分析理论，至今已有100多年的历史。尽管道氏理论经常因为“反应迟钝”而受到批评，并且有时还受到那些拒不相信其判判的市场人士的讥讽，但只要对市场稍有经历的人，都对道氏理论有所耳闻，并且该理论也受到了大多数人的尊重。

该理论的创始人是美国人查尔斯·道，如图1-1所示。

**图1-1　查尔斯·道**

为了反映市场的总体趋势，查尔斯·道与琼斯创立了著名的道琼斯工业平均指数（DJIA）。他们在《华尔街日报》上发表的有关股市的文章，经后人整理和发展，成为大家今天看到的道氏理论。但是，大多数人只是将道氏理论作为一种技术分析手段用于分析市场，指导投资，却并没有真正理解道氏理论的精髓和蕴含的深刻哲学思想。

## 一、三大假设

### （一）价格包容一切

平均价格包容、消化一切因素，这是技术分析理论的基本前提，可以理解为能够影响价格走势的任何因素，包括政治、经济、社会或任何其他方面的因素，实际上都已经反映在了价格之中，指数的波动已经充分反映了市场的供需波动。

### （二）价格呈趋势运动

只要价格的波峰和波谷都高过前一个波峰和波谷，那么市场就处于上升趋势；反之，下降趋势则呈现出依次下降的波峰和波谷，如图 1–2 所示。

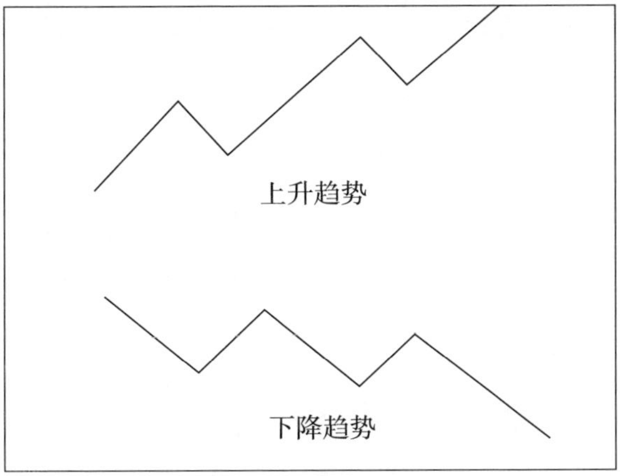


**图 1–2　波峰波谷**

### （三）价格运动具有历史再现性

价格走势会重演，但不会简单地重复。意思是说，没有任何两次行情走势会一模一样，它会通过某种相似的变体来呈现，但行情的性质及其导致的结果如出一辙。

## 二、主要内容

### （一）三种趋势

趋势是市场运动的基本方向，它是由一系列波峰和波谷依次上升或者下降所形成的连续性走势。趋势是道氏理论的核心内容，道氏理论的目的就是为了寻找趋势，从而跟随趋势进行交易。

道氏理论把市场的趋势分为三类：主要趋势、次要趋势和短暂趋势。查尔斯·道将趋势的这种划分比喻为海流运动中的潮汐、海浪和浪花。图 1-3 所示为三种趋势与波浪运动的关系。

（1）主要趋势，也称长期趋势、基本趋势或大型趋势，一般持续一年或以上，大部分主要趋势的涨跌幅超过 20%。在主要趋势的发展阶段，查尔斯·道又将其划分为三个阶段：第一阶段为打底过程，此时以价格的发展形态看，往往是成交量极度萎缩，市场极不热络，股价处于一种圆弧状的谷底，利空渐渐出尽，较有远见的投资者此时悄悄地寻觅时机逐级介入；第二阶段为底部完成后的向上阶段，这一阶段主要表现为技术派人士开始渐渐介入，市场经济情况开始改善，价格开始上升；第三阶段为爆发阶段，该阶段主要体现在大众投资者开始积极参与，大量利多消息开始在市场和新闻媒体间传播，市场的投机气氛越来越浓厚。

（2）次要趋势，也称中期趋势、次级趋势，与主要趋势呈相反方向，一般持续期为三周至三个月，幅度为主要趋势的三分之一至三分之二。

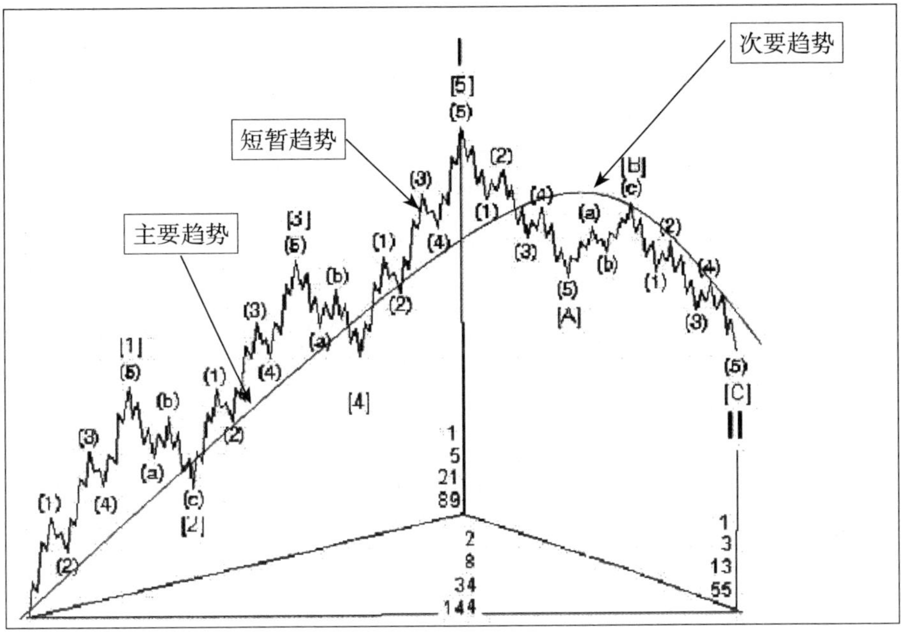


图 1-3　三种趋势与波浪运动

（3）短暂趋势，也称日常波动或小型趋势，只反映价格的短期变化，持续时间一般不超过六天。

三种趋势中，主要趋势最为重要，也最容易辨认，是长线投资者的主要参考依据，对于短线投资者较为次要。次要趋势隶属于主要趋势，唯有明白它们在主要趋势中的位置，才可以充分了解它们，并从中获利。次要趋势对于长线投资者较为次要，却是短线投资者的主要考量因素。次要趋势与主要趋势呈相反方向，必须谨慎评估次要趋势，不可将其误认为主要趋势。在空头市场，次要趋势一般涨升至主要趋势跌幅的三分之一至三分之二，且每一波次级折返的波底一般比前一次波底要低。图 1-4 所示为空头市场中的主要趋势与次要趋势。在多头市场中，原理相同，方向相反。

短暂趋势最难预测，唯有即时投资者才会去考虑它，中长期投资者仅在少数情况下才会关心短暂趋势，一般是在短暂趋势中寻找合适的买进或卖出时机，以追求更多的利润或尽可能减少损失。

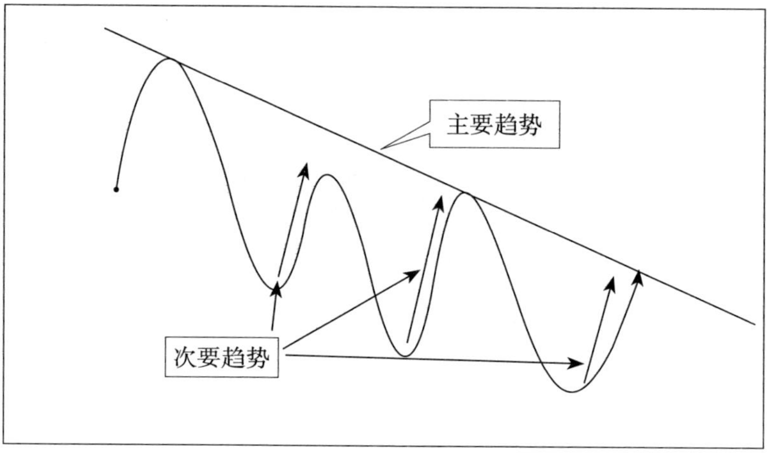


图 1-4　空头市场中的主要趋势与次要趋势

## （二）趋势方向

（1）上升趋势：在一波价格运动中，其包含的波峰和波谷都相应地高于前一个波峰和波谷，此时的走势就称为上升趋势，如图 1-5 所示。在价格走势中，当价格振荡上行，高点不断上移，短暂回踩不破前低，表明上升趋势得到确认，可以考虑多单持有，或者回踩下方支撑不破，逢低做多。

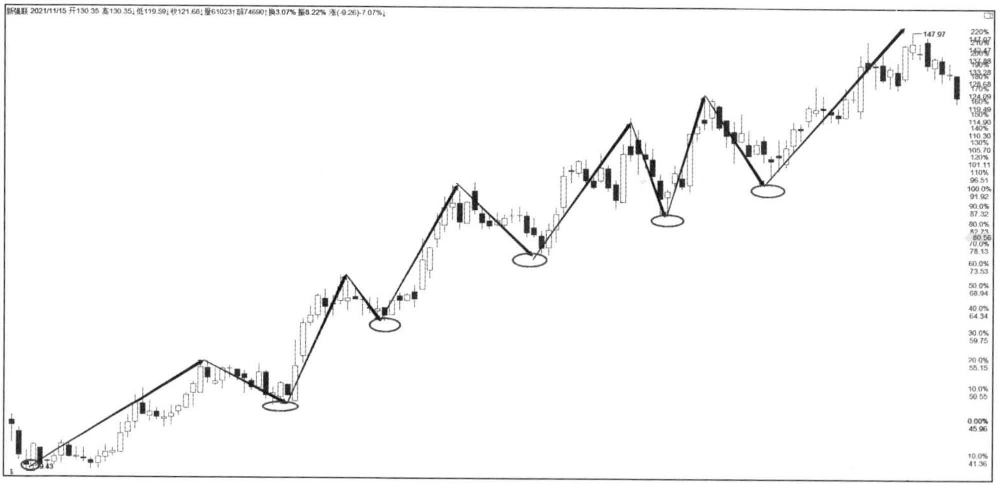


图 1-5　上升趋势

（2）下降趋势：在一波价格运动当中，其包含的波峰和波谷都相应地低于前一个波峰和波谷，此时的走势就称为下降趋势，如图 1–6 所示。在价格走势中，当价格振荡下行，高点不断下移，短暂反弹不破前高，表明下降趋势得到确认，可以考虑空单持有，或者反弹至前高阻力不破时，逢高做空。

**图 1–6　下降趋势**

（3）盘整趋势：在一波价格走势当中，其包含的波峰与波谷都相应地与前面的波峰和波谷持平，此时的走势就称为盘整趋势，如图 1–7 所示。在价格

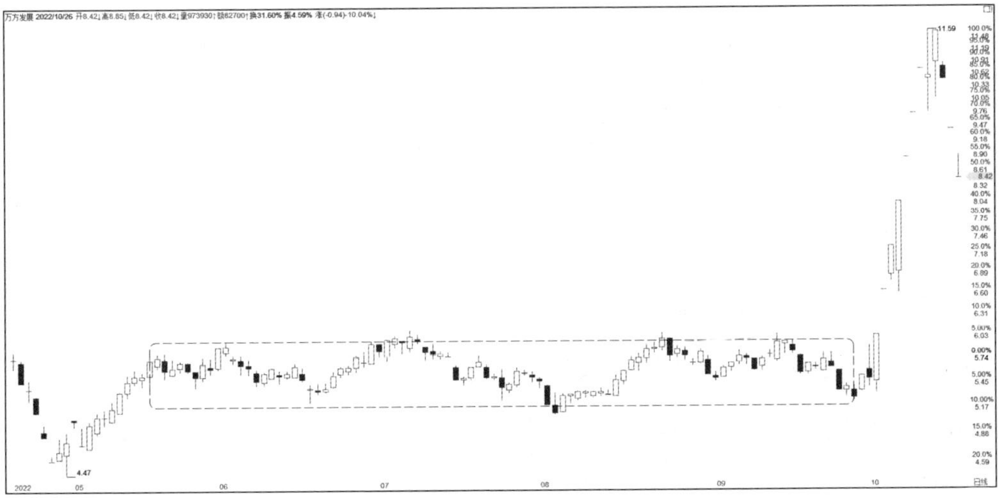


**图 1–7　盘整趋势**

走势中，当价格波动较小，或者在一个小的区间来回波动，就表明价格处在横盘趋势当中，可以考虑轻仓高抛低吸或者持币观望。

### （三）相互印证

道氏理论的重要印证工具是运输平均指数和工业平均指数，由于这两个工具是在同一个市场上运行，所以两者其中之一的走势变化必定和另一个走势变化相互辉映，彼此印证。除非两个指数都发出同样的看涨或看跌信号，即牛市都突破前一个波峰，熊市都跌破前一个波谷，否则不可能发生大规模的牛市或熊市运动，如图 1-8 所示。

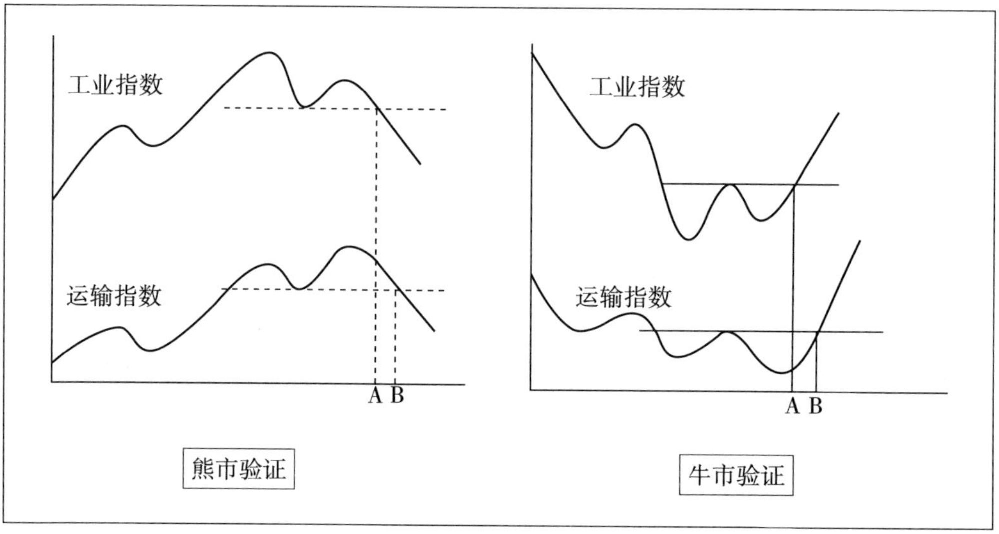


**图 1-8　相互印证**

### （四）量价关系

趋势中的量价须互相配合。道氏理论认为，在价格行进过程中，成交量是研判价格走势信号的重要配合工具，其将成交量放大作为股价上升的动力与多头市场的特征；如市场处在空头状态，会呈现价跌量增、价涨量缩的背离现象。

### （五）股价与基本面的关系

股价趋势通常与发行公司业绩有直接关系。

举例来说，如果某一公司受到宏观经济不景气的影响，营业状况不佳，利润降低，盈利大幅减少，甚至出现亏损，股价自然会下跌。在这家公司营业状况未获改善前，投资者都怕资金被套牢于股市之中，因此不愿追逐高价，而且每当出现微小的差价利润，便争先脱手。因此，在公司业绩未改善前，这种心理变化促成了股价一波比一波低的趋势；相反，如果公司营业状况蒸蒸日上，每月营业额增加，利润率提高，说明股利将大幅提高，同时可以预见今后的前景更佳，若此时还有其他利多消息的配合，那么投资者高价卖出后，愿意在低价补回，这种敢于承接甚至抢先买进的行动将会使股价节节攀高，形成不可逆转的上升趋势。

总的来说，上升趋势里，投资者都等回挡时低价买进；下跌趋势里，投资者都等反弹到高位时卖出。投资者基于这种心理做出的投资决策，使得相应的趋势得以延续。

## 三、小结

### （一）缺点

任何优良的信号系统都有缺点和不足，道氏理论的主要缺点包括以下几个方面。

（1）买入信号发生在上升趋势的第二阶段，而非上升趋势的起始阶段，绝大部分顺应趋势的技术系统也是在此时确认新的趋势。

（2）在某些特殊时段，错误信号发生的频率明显高于平常时段。

（3）无法提供短线买卖依据。价格行进途中，在没有出现任何反转迹象前，股价会按照原有趋势运行。道氏理论无法对趋势中的波段买卖点进行有效识别，投资者可借助一些其他技术分析工具对价格的小波段进行研判，以作为短线买卖的依据，如支撑线与阻力线、形态分析、趋势线与平均成本线分析等。通过这些技术上的综合分析，观察趋势是否有反转信号出现，从而抓住顺势而为的先机。

### （二）优势

目前，市面上介绍波浪理论的书籍可谓汗牛充栋。作为波浪理论鼻祖的道氏理论却鲜有提及，实在可惜。道氏理论的精髓并不是用于预测股市，而是反映市场总体趋势的“晴雨表”，它能实现“长期”交易稳定盈利的结果。“长期”两个字是绝大多数投资者无法忍受的，不符合大多数投资者急功近利的内心需求。

投资讲究大道至简，“道”为何物？道可道，非常道，如图 1–9 所示。

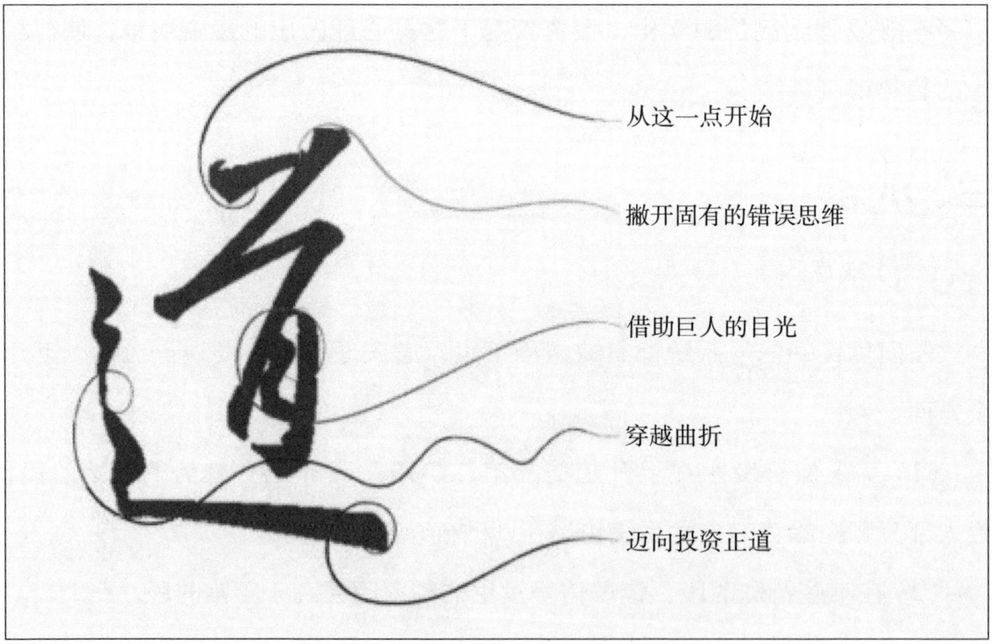


**图 1–9　道**

大多数投资者急于寻找具体的赚钱方法，巴不得今天学了明天就可以在市场上赚到钱，却忽视或无视一些具有根本性的思想观念的学习。理解和接受道氏理论，可以为学习波浪理论打下坚实的基础，同时也能清晰地认识到波浪理论不仅是道氏理论的延伸，更是对道氏理论的创新与升华。

# 第二节　波浪理论

交易只能靠自己，孤独是成功的宿命，只有技术不会欺骗你。

上一节讲解了道氏理论是一切技术分析的基石，本节要讲述的波浪理论，是从价格、时间、比例三个方面对市场运行轮廓的全方位描述，它的大部分内容来自道氏理论，是对道氏理论的具体化和数字化。波浪理论和道氏理论一样，都是技术分析理论中的重要理论。

## 一、波浪理论的起源

美国证券分析家拉尔夫·纳尔逊·艾略特利用道琼斯工业平均指数作为研究工具，发现了持续变动的价格结构性形态，展现了自然和谐之美的波浪理论。艾略特相信，波浪理论是制约人类一切活动的普遍自然法则的一部分。

1871 年，艾略特出生在美国密苏里州堪萨斯城玛丽斯维利镇。

1891 年，艾略特 20 岁的时候，他离家去墨西哥的铁路公司工作。

1896 年，艾略特开始了他的会计职业生涯。在随后的 25 年里，艾略特在许多公司任职，这些公司遍布墨西哥、中美洲和南美洲。后来，他在危地马拉大病一场，并在 1927 年退休。退休后，他回到加利福尼亚州的家中养病。正是在这段漫长的休养时期，他揣摩出了股市行为理论。作为道氏理论的追随者，艾略特认为，他研究的理论是对道氏理论的必要补充。

1934 年，艾略特与正在投资顾问公司任股市通信编辑的柯林斯建立了联系，并将他的发现告诉了柯林斯。柯林斯被他的理论深深地折服，于是帮助艾略特开始了华尔街生涯，并且同意为他出版《波浪理论》。柯林斯还举荐艾略特担任了《金融世界》杂志的编辑。

1938 年，艾略特正式发表《波浪理论》，标志着波浪理论诞生。

1939 年，艾略特在杂志上发表了 12 篇文章，精心宣传自己的理论。

1946 年，艾略特去世前两年，他完成了关于波浪理论的集大成之作《自然法则》一书，本书汇集了他关于该理论的主要思想，并将波浪理论提高到自然规律的高度。

波浪理论作为一种描述市场行为的语言，迅速成为常用的技术分析工具之一，帮助无数投资者更加深入地了解市场运动的模式。基于艾略特对技术分析做出的重要贡献，他被技术分析界尊称为“波浪理论之父”。

## 二、波浪理论的内涵

### （一）波浪理论概述

艾略特认为，股价的变动如同大自然的潮汐一样，具有一定的规律性，一浪跟着一浪，周而复始，呈现出周期循环的特征。股市价格的波动是因为投资者的行为所致，而投资者的行为会受到某种自然外力的影响，因此，股市的价格变化也应该表现出某种自然规律的特征，市场的行进亦应该在波浪中展开。

艾略特指出，社会、人类的行为在某种意义上呈现出可以认知的形态。通过研究道琼斯工业指数，他发现不断变化的股价结构形态反映了自然和谐之美。根据这一发现，他提出了一套相关的市场分析理论，将股市上重复出现的波动，在不考虑每个波动时间及波幅差异的情况下，依其形式上的不同，精炼出市场的十三种基本形态，并逐一命名、定义。尔后，他又发现这些呈结构性的形态可以连接起来，形成同样形态的更大的图形。他还提出了一系列权威性的演绎法则来解释市场行为，并特别强调波动原理的预测价值。

波浪理论是依据自然规律以及社会、人类的行为在某种意义上呈可认知形态的基础上创立的一套适用于金融市场的理论。波浪理论研究市场行为，也就是人的群体行为，这与人们对经济学的认知不谋而合。宏观范畴来讲，是知性的、可辩证的理论；微观细说就是自然规律与大众心理结合的一种理论。这种理论给金融市场实际参与者提供了一套行之有效的、客观的分析依据。图 1-10 直观地展示了波浪理论与大众心里不谋而合。

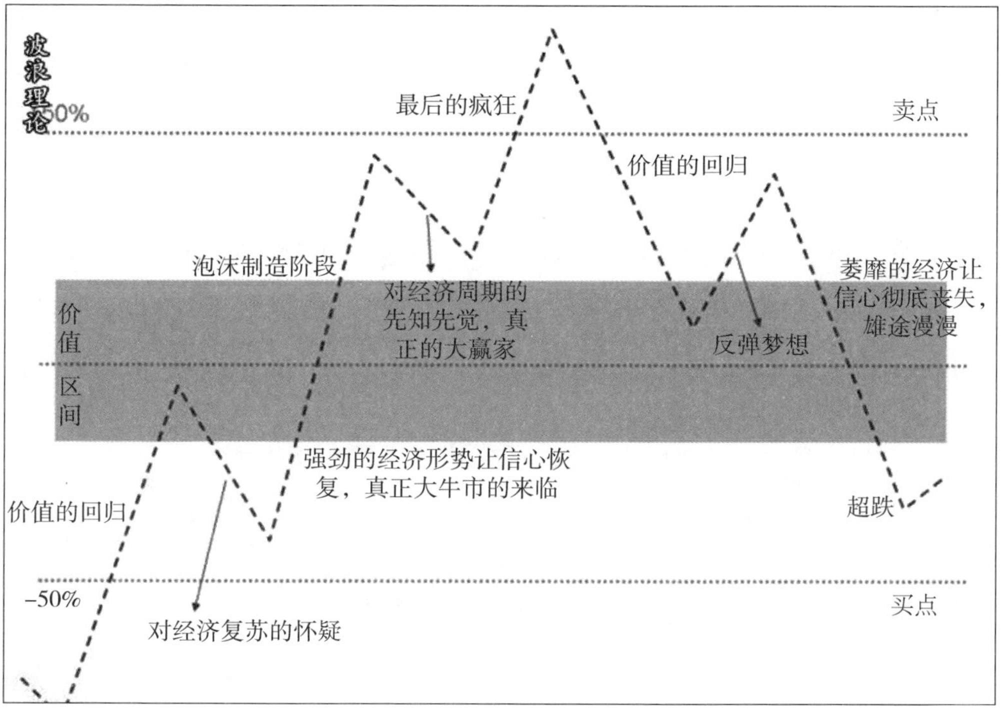


图 1-10 波浪理论与大众心理

波浪理论具有独特的价值，其主要特征是通用性及准确性。通用性表现在大部分时间里能对市场进行预测，许多人类的活动也都遵循波浪理论。但是艾略特的研究立足于股市，因而股市中最常应用这一原理。准确性表现在运用波浪理论分析市场变化方向时，常常显示出惊人的准确率。

### （二）波浪循环

波浪理论有三个重要的构成要素。

第一，波浪形态。价格变动过程中形成的轨迹，也就是波浪的构造，即五升三降的八浪结构。

第二，波浪幅度。价格走势中各个高点和低点所处的相对位置，各个浪的长短之间的相对比例，可以据此确定价格的回落点和上升点。

第三，波浪时间。价格完成某个形态所经历的时间长短。各个波浪在时间上是相互联系的，也可以用时间来验证某个波浪形态是否已经形成。

这三者之间，波浪形态最为重要。波浪形态是艾略特波浪理论的立论基础。

在中短线操作中，前两者的应用更为广泛。波浪理论认为市场走势不断重复一种模式，指数的上升和下跌是交替进行的。推动浪和调整浪是价格波动的两种基本方式[①]。每一周期由五个上升浪和三个下跌浪组成，价格随主趋势运行时，依五浪的顺序波动，被定义为推动浪；逆主趋势而行时，依三浪的顺序波动，被定义为修正浪。

主趋势方向上的波浪标记为 1、2、3、4、5，三波修正浪标记为 A、B、C，合起来为八浪。每个八浪循环又是更大循环中的两个浪，每个循环中的两个浪又是一个更大周期中的较小的循环，依此类推。因此，波浪理论适用于长、中、短三期波动。

---

① “推动浪”又称“推动波”“推进浪”“推进波”“驱动波”“驱动浪”;“调整浪”又称“调整波”“修正波”“修正浪”“校正浪”“校正波”。

股价运动包括八个波浪，其中五浪上升，三浪下降，图 1-11 中将每一浪的标记设于其终点。

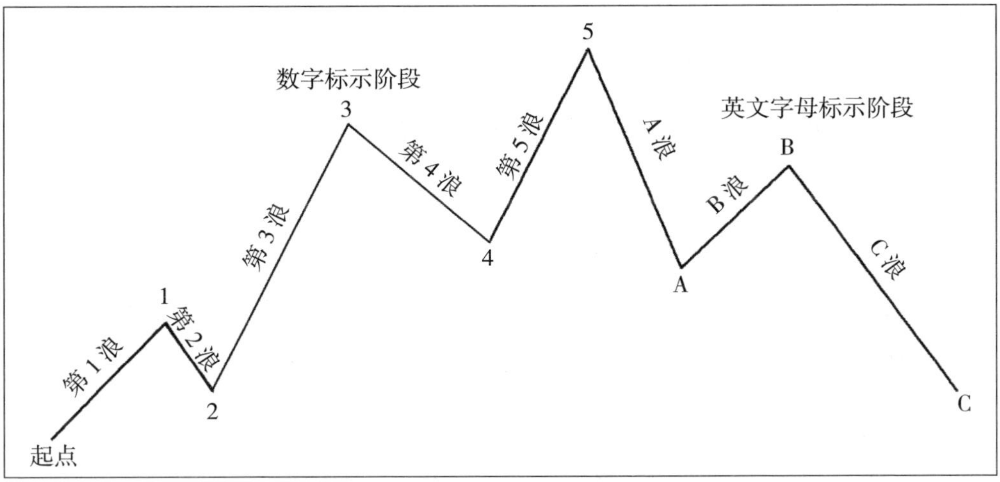


**图 1-11 八浪循环**

上升浪（五浪）: 从起点到 1 是第 1 浪，1 到 2 是第 2 浪，2 到 3 是第 3 浪，3 到 4 是第 4 浪，4 到 5 是第 5 浪。其中，驱动浪为第 1 浪、第 3 浪和第 5 浪；调整浪为第 2 浪和第 4 浪。

下降浪（三浪）: 5 到 A 是 A 浪，A 到 B 是 B 浪，B 到 C 是 C 浪。其中，驱动浪为 A 浪和 C 浪；调整浪为 B 浪。

## （三）波浪分解

理想情况下，波浪理论可以在较大的模式中识别出较小的模式。从这个意义上说，波浪理论就像一棵西蓝花，从较大的一块折一小块下来，实际上看起来与整块西蓝花一模一样。

波浪是分层次的，任一序列任一级次的波浪均可细分为较小级次的波浪。同时，它们亦可视为较大级次波浪的组成部分，既可分为两浪，也可分为八浪，还可分为 34 浪，只是浪的级次不同。较小的模式组成较大的模式，再加上波浪之间的黄金比率关系，为交易者在寻找和识别具有可靠风险回报比的交易机会时，提供了一定程度的预期。

分解原则：当某个波浪与大它一级的波浪同向运动时，用五浪驱动方式分解；当某个波浪与大它一级的波浪反向运动时，用三浪调整方式分解。

此原则在任何一级都是适用的，所有的波浪不仅含有分量波浪，同时也是高一级波浪的分量波浪。

第一层次：分为第①浪和第②浪，第②浪是第①浪的调整浪。

第二层次：第①浪被细分为（1）（2）（3）（4）（5）共五个浪，第②浪被细分为（a）（b）（c）共三个浪。

第三层次：（1）（2）（3）（4）（5）和（a）（b）（c）再次被分为 1、2、3、4、5 及 A、B、C，这样的小浪共有 34 个，如图 1-12 所示。

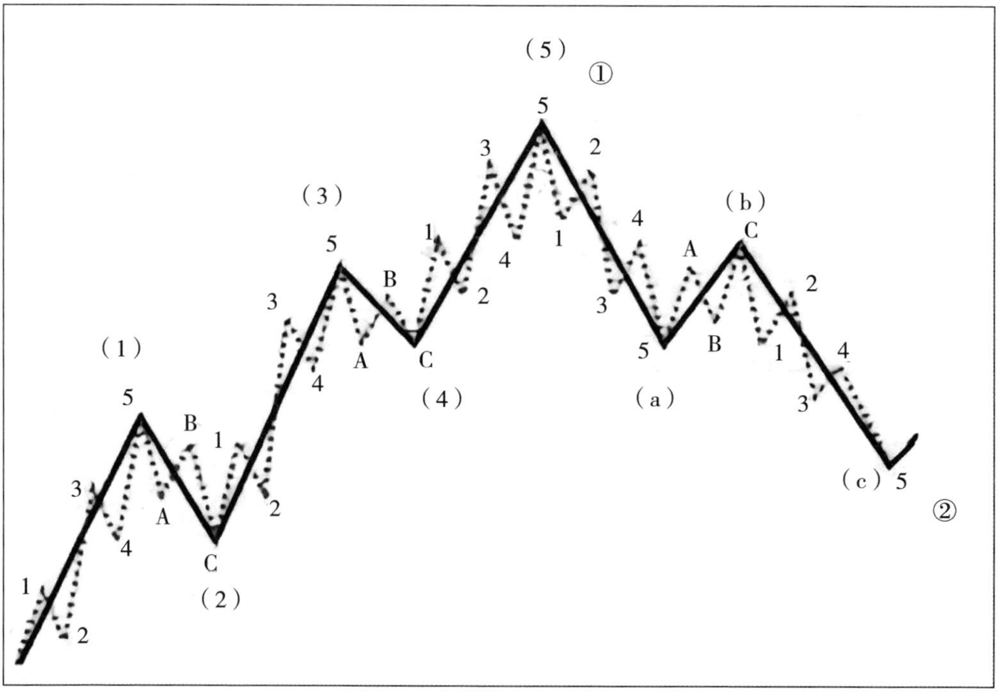


**图 1-12　波浪图解**

如果继续对第三层次进行细分，可以得到第四层次，如表 1-1 所示。

**表 1-1　波浪细分表**

| | 驱动浪 | 调整浪 | 总浪数 |
|---|---|---|---|
| 大浪 | 1 | 1 | 2 |
| 中浪 | 5 | 3 | 8 |
| 小浪 | 21 | 13 | 34 |
| 细浪 | 89 | 55 | 144 |

### （四）波浪特征

（1）作用力之后必定伴随着反作用力，推动浪之后必定伴随着调整浪，价格的上升和下跌交替进行，推动浪和调整浪是价格波动的两个基本形态。

（2）波浪可合并为高一级的大浪。一个完整的周期包含八段不同的走势，一个八浪运动结束可视为完成一个周期，此八浪运动将形成高一级的两个浪。高一级的两个浪运行完毕之后，一个循环即告完成，走势将进入下一个八浪循环。

（3）波浪可分解为低一级的小浪。推动浪或主要趋势方向的运动，一般可细分为五个低一级的浪，五浪的推动浪又包含三浪上升（下降）和两浪下降（上升），一般用第 1 浪、第 2 浪、第 3 浪、第 4 浪和第 5 浪来表示；修正浪或与主要趋势相反的运动，不论其为上升还是下降，皆可细分为三个低一级的浪，三浪的调整浪又包含两浪下跌（上升）及一浪上升（下跌），通常用 A 浪、B 浪和 C 浪表示。

（4）时间的长短并不会改变波浪的形态，虽然波浪有时可能会出现延长或收缩的现象，但市场仍会依照其基本形态发展，即基本形态永恒不变。

（5）当下跌波浪的幅度较小时，上升波浪的幅度就会较大；当上升波浪的幅度较小时，下跌波浪的幅度就会较大。

（6）波浪理论主要反映的是群众心理，越多的人参与市场，其准确性越高。

## （五）波浪等级

在波浪理论中，最困难的地方是对波浪等级的划分。如果要在特定周期中正确地指认某一段波浪的特定属性，不仅需要形态上的支持，而且需要对波浪运行的时间做出正确的判断。换句话说，波浪理论易学难精，易在对形态上的归纳、总结，难在对价位及时间周期的判定。

波浪理论的根本信条之一是“时间的长短不会改变波浪的形态，因为市场仍会依照其根本的形态开展。波浪在其运行中可以拉长，也可以缩短，但其根本形态永恒不变”。根据上述观点，一个超级循环与一个极短循环（如盘口走势）相比，其根本形态会依照相同的模式进行，分析的方法大同小异。所不同者，是波浪级数上下有异而已。

为了识别不同层级的波浪运动，艾略特命名了九个等级的波浪，并分别规定了不同的标记。但是波浪等级是相对的概念，标记波浪的核心在于供人们选择一种最有效率的标记方法。标记的方法因人而异，并非一成不变。

在九大层级中，特大超级循环是横跨 200 年的超大型周期，最小的循环只覆盖数小时之内的走势，时间相当短暂。但无论趋势的规模如何，每一周期由八个波浪构成这一点是不变的。

### 1. 等级划分

（1）特大超级循环级。

（2）超级循环级。

（3）循环级。

（4）基本级。

（5）中型级。

（6）小型级。

（7）细级。

（8）微级。

（9）次微级。

如表 1–2 所示，还可以用数字波和字母波来标识波浪的不同等级。

**表 1–2　波浪标识**

| 波浪大小 | 与走势相同的五浪 | | | | | 与走势相反的三浪 | | |
|---|---|---|---|---|---|---|---|---|
| 特大超级循环级 | $\textcircled{I}$ | $\textcircled{II}$ | $\textcircled{III}$ | $\textcircled{IV}$ | $\textcircled{V}$ | Ⓐ | Ⓑ | Ⓒ |
| 超级循环级 | （I） | （II） | （III） | （IV） | （V） | （A） | （B） | （C） |
| 循环级 | I | II | III | IV | V | A | B | C |
| 基本级 | ① | ② | ③ | ④ | ⑤ | ⓐ | ⓑ | ⓒ |
| 中型级 | （1） | （2） | （3） | （4） | （5） | （a） | （b） | （c） |
| 小型级 | 1 | 2 | 3 | 4 | 5 | A | B | C |
| 细级 | i | ii | iii | iv | v | a | b | c |
| 微级 | $\underline{1}$ | $\underline{2}$ | $\underline{3}$ | $\underline{4}$ | $\underline{5}$ | $\underline{A}$ | $\underline{B}$ | $\underline{C}$ |
| 次微级 | $\underline{i}$ | $\underline{ii}$ | $\underline{iii}$ | $\underline{iv}$ | $\underline{v}$ | $\underline{a}$ | $\underline{b}$ | $\underline{c}$ |

**2. 时间划分**

一个波浪模式可以有小时、日、年，甚至是世纪的时间跨度。为了指明波浪模式的大致时间跨度，可用九个可能的浪级中的一个进行标示。

（1）特大超级循环级——10 年以上。

（2）超级循环级——1 年到 10 年。

（3）循环级——从季度到年。

（4）基本级——从月到年。

（5）中型级——从月到季。

（6）小型级——从周到季。

（7）细级——从周到月。

（8）微级——从日到月。

（9）次微级——从小时到日。

对于一般的投资者而言，用不着九大浪级都数清，事实上亦无此必要。波浪的循环比人的生命周期要长得多，所以只要数清平时常用的浪级已经足够。

## 三、波浪理论与道氏理论

波浪理论与道氏理论，在其基本观察和判断价格的波动机理和原则上具有非常相似的论点。波浪理论和道氏理论有一个共同的认识，就是价格走势在一个攻击推动浪中，发展的过程较为坚挺稳健，且价格形态也能够以良好的面貌配合走势发展。但是当市场处于整理修正类的波动时，两者则会发生分歧，从而无法相互印证。尤其是道氏理论，它验证走势趋向的工具主要是工业指数和运输指数，因为查尔斯·道认为运用两个指数确定一个主要趋势后，会相互印证，当两个指数产生不同而背离时，道氏理论和波浪理论就会出现无法印证的情况。

应该说，波浪理论中的大部分观点与道氏理论是相互吻合的，只是波浪理论在定量方面对股价走势的描述要强于道氏理论，波浪理论只需要用一个指数就能对市场全貌做出诠释，并且波浪理论认为市场经常会依照一个基本的节奏行进和发展。道氏理论无法完全有效地对波浪理论的波动原理进行说明。相较于道氏理论，波浪理论具有明显的优势，其对即将出现的顶部或底部能够提前发出警示信号，而道氏理论只有事后才能验证。波浪理论对市场运动具备了全方位的透视能力，从而有助于解释特定的形态为什么出现，在何处出现，以及它们为什么具备如此这般的预测意义等问题。另外，它也有助于人们判断当前市场在其总体周期结构中所处的位置。投资者可以根据这些规律性的波动预测价格未来的走势，在买卖策略上做到未雨绸缪。

然而，不管是波浪理论还是道氏理论，两者的理论根基都来源于实证观察。从另一个角度来说，道氏理论中所发生的无法印证的走势现象，恰恰有助于波浪理论分析者鉴定趋势是否有反转的意味。因而，这两种理论对于市场走势的研判可以说具有互补的作用，切不可因为学习了波浪理论就将道氏理论弃之不用，毕竟从根本上来讲，波浪理论是从道氏理论衍生而来的。

## 四、与时俱进

计算机技术和互联网的发展是 21 世纪最重要的进步。基于计算机交易和算法交易，产生了一种新的交易者类别，他们完全基于技术、概率和统计来进行交易，而没有人类的情感。此外，基于专有算法，这些机器可以在几秒甚至几毫秒内进行超快速交易。

毫无疑问，今天面对的交易环境与 1930 年艾略特首次提出波浪理论时的交易环境大不相同，那波浪理论是否可以应用在当今的交易环境中呢？毕竟，如果认为当今的汽车与 20 世纪 30 年代的汽车有所不同是常识，那么为什么要假设可以将 1930 年的交易技术应用于当今的交易环境呢？

与 1930 年相比，当今市场上最大的变化是趋势和逆趋势的定义。当今有四大类市场：股票、债券、期货和外汇。波浪理论最初是从对股市的观察中得出的，但是某些市场（例如外汇）表现出了更多的波动特征。

在今天的市场中，仍然发生五浪运动，但据笔者观察研究发现，与五浪运动相比，在市场上发生三浪运动的频率变得更高。此外，市场保持朝着同一方向的修正结构前进。换句话说，市场趋向于修正结构，它会继续按三浪的顺序移动，然后回撤，然后再按三浪的校正动作继续沿相同方向前进。这使得笔者相信，在当今的市场中，趋势不一定要五次波动，可以由三次波动展开。因此，当下重要的是在试图找到趋势并标记图表时（特别是股市之外的市场），不要强行按五次波动划分。

# 第二章
# 波浪形态

# 第一节　推动形态

## 一、推动形态的形成

在波浪理论中，波浪的发展方式有两种：推动方式和调整方式。其中，推动浪以推动方式展开，由五浪构成。推动五浪又分为向上（下）运动的三浪和向下（上）调整的两浪。

以牛市为例，其中第 1 浪、第 3 浪和第 5 浪这三浪是推动价格不断上升的关键，第 2 浪和第 4 浪的每一步调整都是在为后面的上涨积蓄力量。牛市推动形态的形成过程如下。

### 1. 第 1 浪和第 2 浪

第 1 浪通常是由一小部分交易者参与的微弱波动。一旦第 1 浪结束，交易者将在第 2 浪卖出，第 2 浪的卖出是十分凶狠的。最后第 2 浪在不创新低的情况下，市场开始转向，启动下一浪波动。

### 2. 第 3 浪和第 4 浪

第 3 浪波动的初始阶段是缓慢的，并且它将到达前一次波动的顶部，即第 1 浪的顶部。交易者起初并不确信这是一次向上的趋势，反而利用这次波动增加空头头寸。如果他们的分析是正确的，市场将不能到达前一浪波动的顶部。但是，第 3 浪的波动获得了强大的动力并且到达了第 1 浪的顶部。

在第 1 浪顶部被突破的同时，那些空头的停损单被触发了。根据停损量的大小，将在第 3 浪产生一个跳空缺口。在第 3 浪上升的过程中，跳空缺口是一个好现象。在停损单被触发之后，第 3 浪的波动引起交易者们的广泛注意。此时，在第 1 浪底部做多的交易者开始决定增加头寸，处于停损出局状态的空头意识到行情可能是向上的，于是决定反向买进，参与波动，这种突增的兴趣给第 3 浪的波动提供了更大的动力。这时，大多数交易者已经断定这波行情是上升的。最后，这种疯狂的买进变弱了，第 3 浪进入停滞期，获利回吐情绪开始蔓延，在低点做多的交易者决定将利润兑现，他们获得了可观的利润并开始保护他们的利润。

此时引发了一次价格回落，从而形成第 4 浪。如果说第 2 浪是一次凶狠的卖出的话，那么第 4 浪则是一次有序的获利回吐。在获利回吐进行的过程中，大多数交易者仍然确信行情是向上的，他们认为这次获利回吐是一次买进的好机会。在第 4 浪结束之时，更多的买单开始介入，价格再次上升。

### 3. 第 5 浪

第 5 浪的波动缺乏像第 3 浪波动时那样巨大的热情和力量，当价格在第 3 浪上方创出新高以后，第 5 浪内部的动量相对于第 3 浪小了很多。当最后一个多头进场后，市场到了头部，并将进入下一个阶段。

在波浪理论中，波浪的形态决定了其性质是推动浪还是调整浪。但是每一个推动浪的形态也不完全一样。在现实情况中，推动浪会因基本面的不同出现一些变异，但以标准的推动浪来说，它们是以五浪展开的，在牛市中是五浪上升，在熊市中是五浪下跌，如图 2-1 所示。五浪推动结束就会运行调整浪。

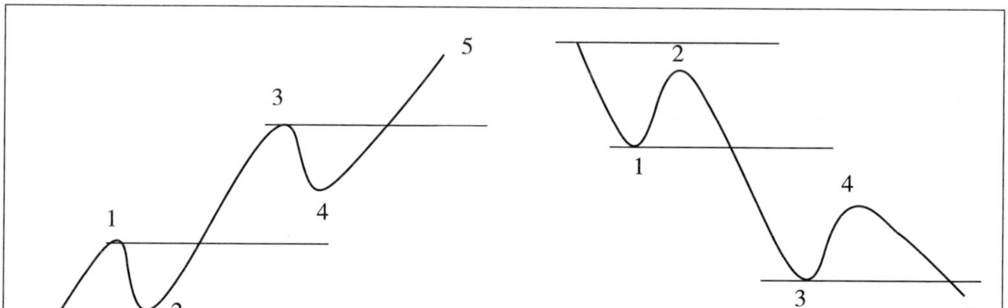


**图 2-1　推动形态**

图 2-2 为黄金期货（COMEX）2021 年 12 月到 2022 年 3 月的 4 小时 K 线图。从图中可以看到，在该段时间内，黄金期货走出了一波标准的五浪推动形态。

**图 2-2　黄金期货（COMEX）2021 年 12 月—2022 年 3 月的 4 小时 K 线图**

## 二、推动形态的特殊形态

推动形态包含多个特殊形态，主要包括“延长”“失败”以及“楔形”形态[①]。

### （一）延长形态

所谓浪的延长浪，是指推动浪中第 1、3、5 浪中的一浪发生拉长或放大的现象，使该浪中包含的低一级次的浪在时间和幅度上与该浪同级次的其他浪相近。当波浪发生延长时，将会使得此一波浪序列形成大小相似的九浪，这是人们一致强烈看好某一个方向的表现。在大周期上，九浪结构是极限

① 艾略特本人将“楔形”称为“斜三角形”。笔者认为，这种称谓容易令初学者将其和调整浪中的“三角形”形态搞混，遂将其优化改进，命名为“楔形”形态。

值①，没有比这更大的浪了，如图 2-3 所示。

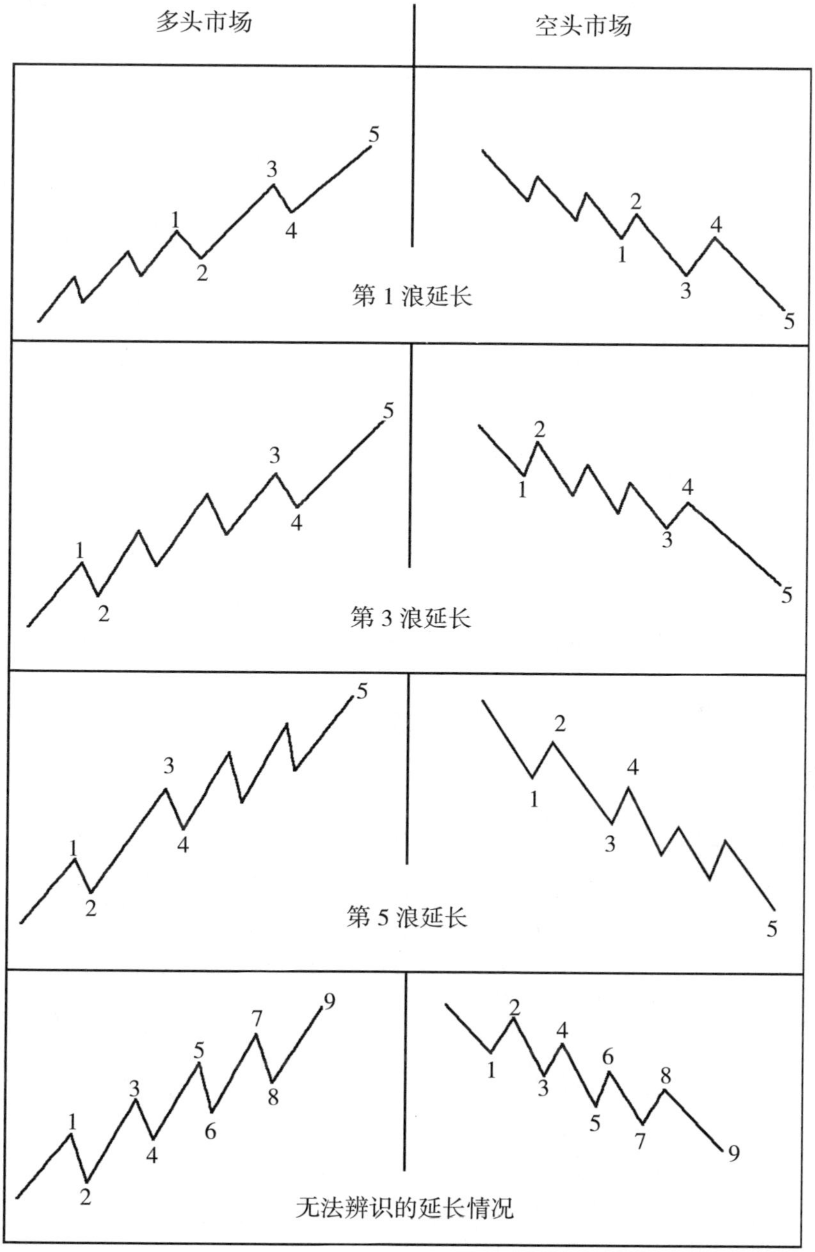


**图 2-3　延长形态**

① 通常指月线及其以上级别。

图 2-4 为 CMX 黄金主连（COMEX）2014 年 10 月到 2022 年 4 月的周 K 线图。从图中可以看到，在周线级别的上升推动浪中，黄金主连的第（3）浪呈现出延长现象，这意味着大通胀的时代已经来临。

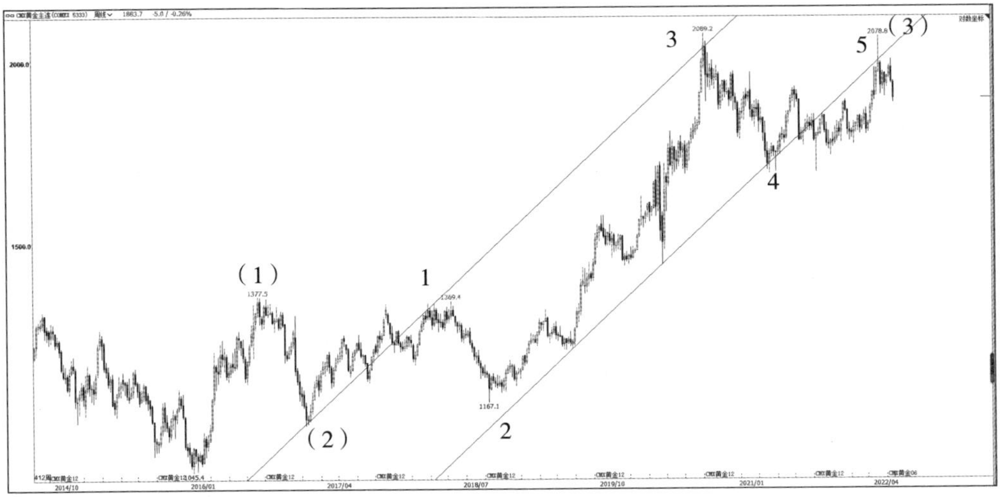


**图 2-4　CMX 黄金主连（COMEX）2014 年 10 月—2022 年 4 月的周 K 线图**

如果延长浪中再出现延长，就会出现“二次延长”现象。二次延长是指在延长浪中的某一个子浪进一步延长，此时大家会见到 13 个大小相似的波浪。如图 2-5 所示，分别为延长的第 5 浪再次发生延长及延长的第 3 浪再次发生延长。

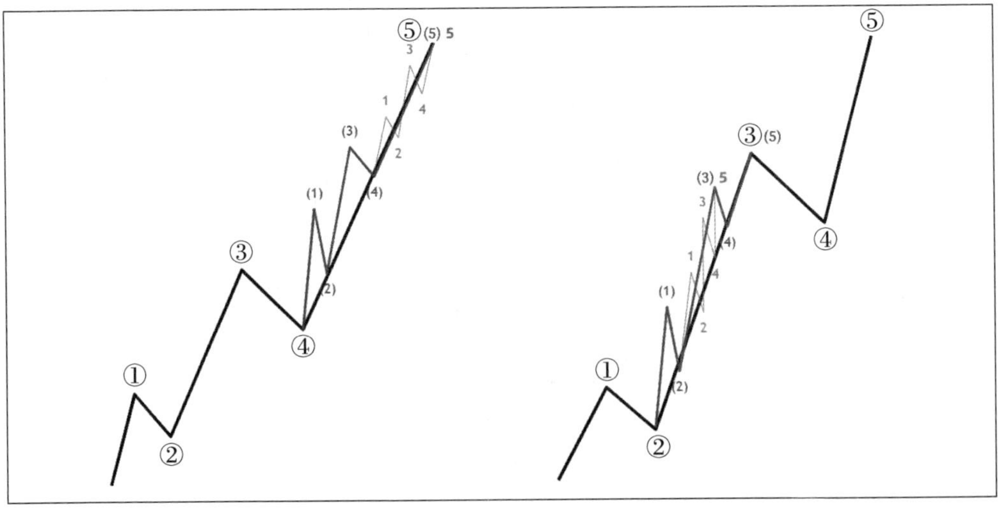


**图 2-5　二次延长**

图 2-6 为 WTI 原油主连（NYMEX）2017 年 4 月到 2019 年 1 月的日 K 线图。从图中可以看到，WTI 原油主连在此期间走出了一波清晰的五浪上涨结构。其中第（3）浪出现了延长现象，并且第（3）浪中的第 3 浪及第 5 浪又分别再次出现延长。一波清晰可辨的五浪结构之后，必定会有调整。WTI 原油主连在走势末端出现了极佳的做空机会，最理想的做空位置为，跌破上升趋势线处，此时，正好跌出了五浪小结构。

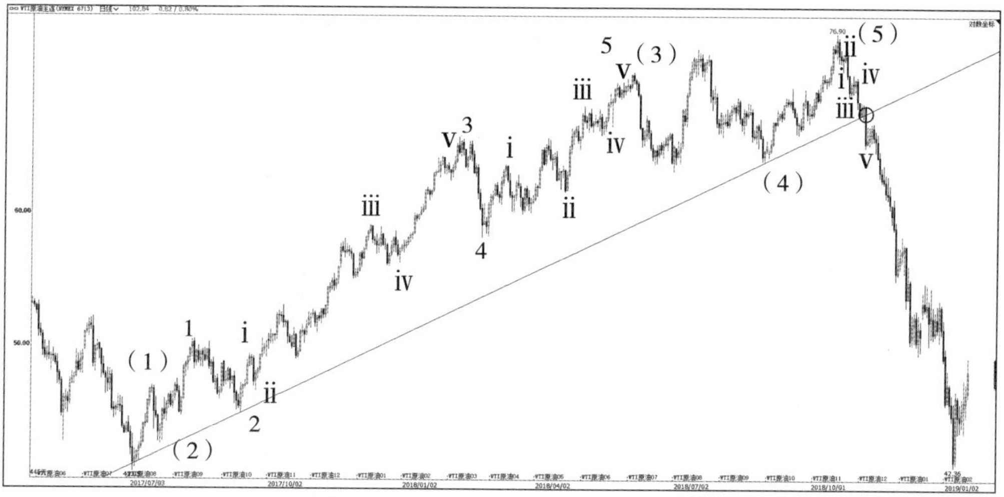

图 2-6　WTI 原油主连（NYMEX）2017 年 4 月—2019 年 1 月的日 K 线图

### 1. 形态特征

（1）大多数推动浪都有且只有一个波出现延长形态，而且延长经常出现在第 3 浪，其次是第 5 浪，第 1 浪的持续时间短，最不容易出现延长形态。少数情况下也会出现无法辨认的延长形态。

（2）在成熟市场，延长形态经常出现在第 3 浪；而在新兴市场，第 5 浪往往也出现延长形态。

（3）如果一个推动浪发生延长，那么另外两个推动浪的波幅和持续时间就有可能相等或者成比例。比如，当第 1 浪出现延长形态时，则第 5 浪的形态将较为简单，并且第 5 浪的长度和运行时间与第 1 浪相近；当第 1 浪和第 3 浪幅度相当时，则第 5 浪很可能出现延长形态，尤其是当第 5 浪的成交量大于第 3 浪的成交量时更是如此。

（4）如图 2-7 所示，当第 5 浪出现延长形态时，其后的 A 浪走势将会急转直下，拉回到延长形态第 ⅱ 浪的低点附近。因此，第 5 浪的延长形态对于市场即将发生的戏剧性反转提供了预警功能。

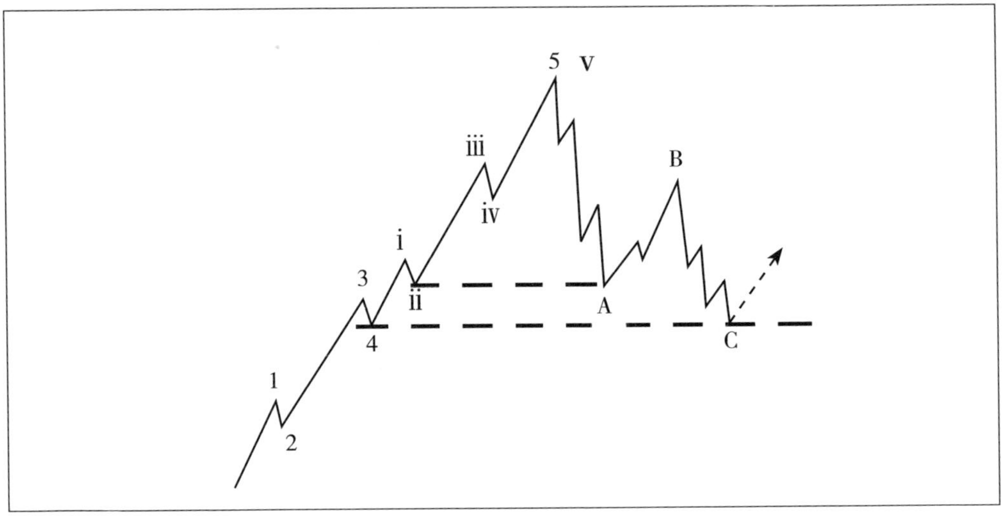


**图 2-7　第 5 浪延长后的折返**

图 2-8 为天齐锂业（002466）2013 年 3 月到 2021 年 2 月的周 K 线图。从图中可以看到，该股第 5 浪出现延长形态，并于 2017 年 9 月到达高点 64.86 元，其后 A 浪走势急转直下，直接跌破第 5 浪的起点，且逼近第 1 浪高点。该股第 5 浪的延长现象对于即将发生的戏剧性反转提供了强大的预警功能。

**2. 要点提示**

（1）延长形态公式：5+4*n* 等于延长浪的数量，依次排列有 5、9、13、17、21……这个数列有一个很重要的作用，如果当市场出现了第 7 浪、第 11

**图 2-8　天齐锂业（002466）2013 年 3 月—2021 年 2 月的周 K 线图**

浪、第 15 浪、第 19 浪……则意味着市场还没有到顶或者到底。

（2）区分推动浪是否延长，关键要看两点：一是看幅度是否够长；二是看每个推动浪的大小长度是否相似。如果中间三个推动浪加起来才比第 1 个推动浪长一点点，那就不是延长浪了。如果在趋势初期就出现了延长浪，市场在第一时间表现出强劲的上涨或下跌意愿，那么后面的行情通常不会很小。如果每个浪都几乎相等，分不清浪的级别，一般按九浪为一个主推循环。

（3）在分析波浪形态时，有时会遇到难以分辨的市势，有时可能同时存在几个可以成立的数浪方式。在这种情况下，利用延长形态的特征，将不可能成立的及可能性较低者剔除，剩下的便是对未来市势发展最可靠的预测。

## （二）失败形态

理论上讲，升势中的第 5 浪高点高于第 3 浪高点，跌势中的第 5 浪低点低于第 3 浪低点。然而，实际走势中可能出现“失败”形态，即第 5 浪的运动未能突破第 3 浪终点的价格水平。

当出现失败形态时，预示着市场多空力量发生了变化，反映了市场的真实情况以及人们所不愿意正视的现状。当人们认为市场完全按照波动轨道运行通向目标值时，结果出现失败形态，因而达不到预期目标。究其原因，失败形态通常是由基本面的重大变化造成的，而且在出现失败形态前，通常会伴有三浪的延长现象，否则光靠基本面的变化，很难令第 5 浪失败。

牛市时出现失败形态，预示着下跌即将来临；熊市时出现失败形态，则预示着近期市场会出现反弹。实战应用中，一定要注意第 5 浪中的次一级五个子浪清晰出现后才可确认是“失败”。失败形态示意图如图 2-9 所示。

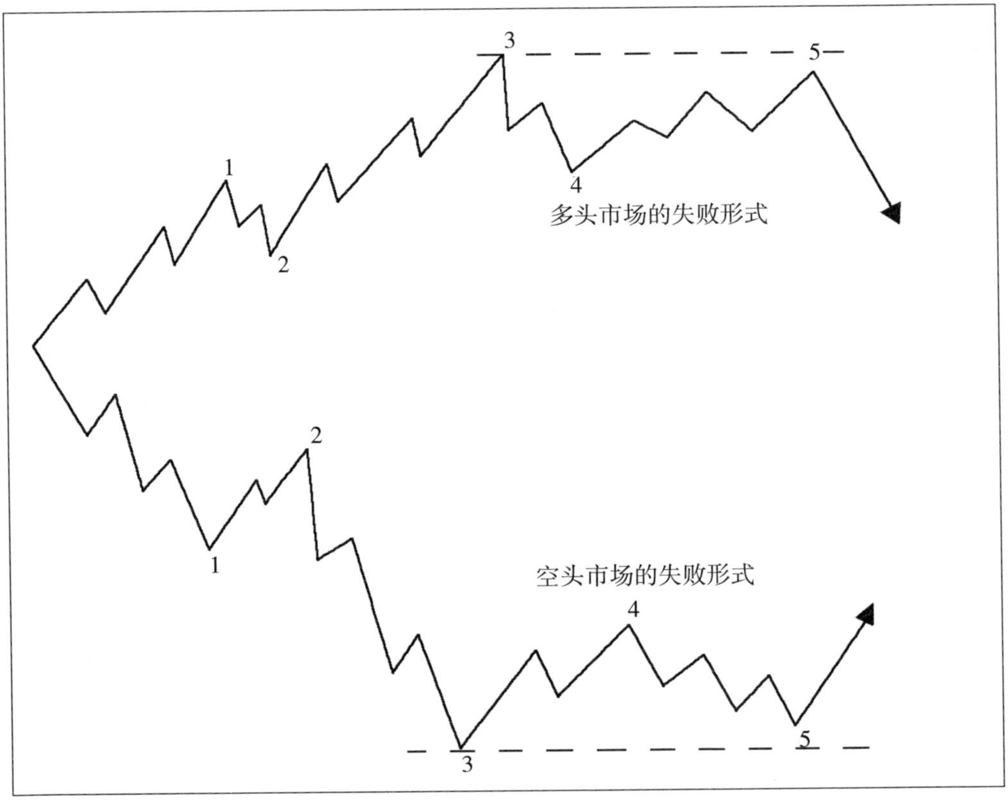


**图 2-9　失败形态**

图 2-10 为益生股份（002458）2018 年 9 月到 2019 年 7 月的日 K 线图。该股于 2019 年 3 月 13 日到达第 3 浪高点 17.88 元，2019 年 4 月走出的第 5 浪并未顺利创出新高，形成失败的第 5 浪。

**图 2-10　益生股份（002458）2018 年 9 月—2019 年 7 月的日 K 线图**

失败形态的形态特征如下。

（1）失败形态常见于低级次的浪（一般指中型以下）。

（2）失败形态就是形态理论中的双顶（M 头）或双底（W 底）。

（3）失败形态预示市场即将转势。多头市场出现失败形态，预示着将大跌，空头市场出现失败形态，预示着将大涨。特别是在多头市场中，若失败的第 5 浪成交量大于第 3 浪，后市将会出现急跌。

图 2-11 为上证指数（000001）2018 年 11 月到 2022 年 4 月的周 K 线图。从图中可以看到，2021 年末，上证指数走出了一波失败的第 5 浪，其成交量大于第 3 浪，结果 2022 年第一季度市场出现急跌现象。

## （三）楔形形态

艾略特将楔形形态称为倾斜三角形，这是一种以几何形态归类的方法，楔形可分为引导楔形形态和终结楔形形态。引导楔形形态和终结楔形形态都有上涨和下跌两种情形，其中，引导楔形形态出现在趋势初期，艾略特谓之“首部斜三角形”形态；终结楔形形态出现在趋势末期，艾略特谓之“尾部斜

图 2-11　上证指数（000001）2018 年 11 月—2022 年 4 月的周 K 线图

三角形”形态。这两种形态都是波浪理论中非常重要的形态。

### 1. 引导楔形形态

引导楔形形态通常发生于第 1 浪或 A 浪中，其第 1 子浪与第 4 子浪的价格区间相互交叠，边界线收敛成一个楔形形态，波浪细分为 5-3-5-3-5 结构，如图 2-12 所示。

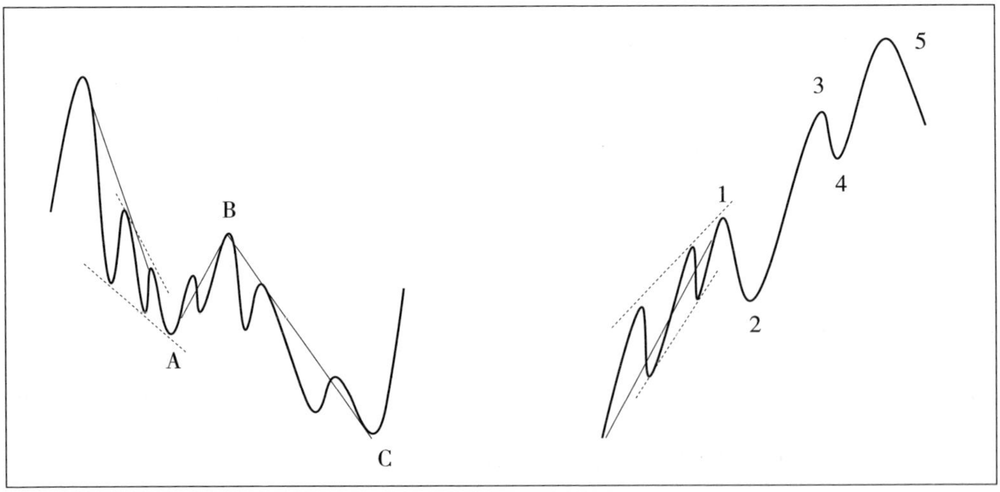


图 2-12　引导楔形形态

图 2-13 为创业板指（399006）2018 年 10 月到 11 月的日 K 线图，其上涨初期呈现引导楔形形态。

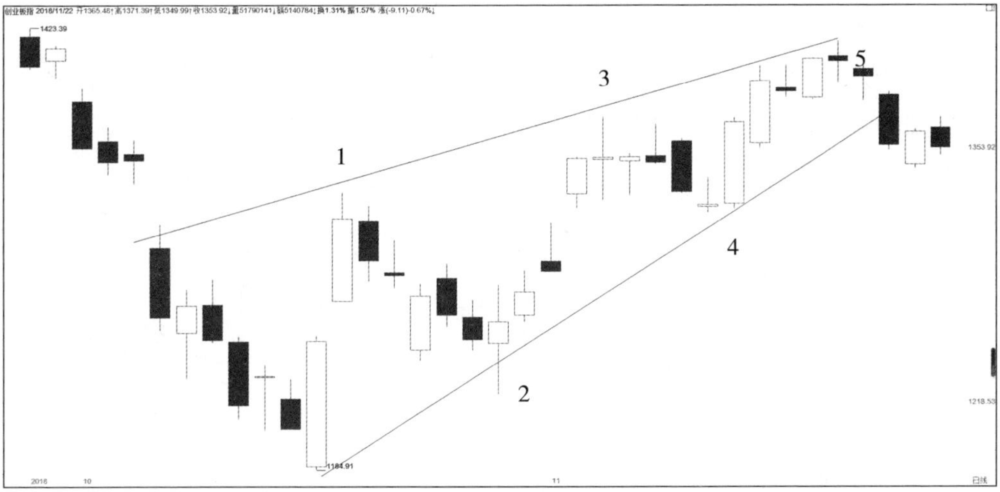


**图 2-13　创业板指（399006）2018 年 10 月—11 月日 K 线图**

图 2-14 为特锐德（300001）2021 年 5 月到 2022 年 4 月的日 K 线图，其跌势初期呈现引导楔形形态。

**图 2-14　特锐德（300001）2021 年 5 月—2022 年 4 月的日 K 线图**

顾名思义，引导楔形形态出现在一个趋势开始的初期，对趋势起“引导”作用。交易者对于市场预期的不明朗，导致价格在一个相对窄幅区间内振荡，所以引导楔形形态通常出现在第 1 浪和 A 浪上。引导楔形形态后面往往会伴随一个比较凶悍的第 2 浪回调，但经过此波回调之后的第 3 浪，走势将异常凌厉和凶猛。图 2-15 所示为引导楔形形态的内部结构。

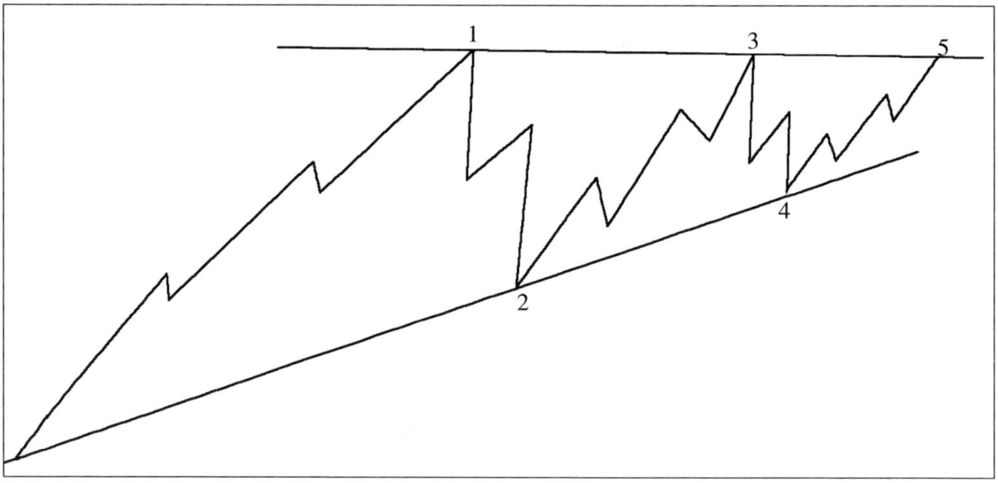


**图 2-15　引导楔形形态内部结构**

引导楔形形态的形态特征如下。

（1）引导楔形形态内部子浪分别为 5-3-5-3-5，这是评判是否为引导楔形形态的根本及必要条件。也就是说，与趋势方向相同的 1、3、5 浪应为五浪，与趋势方向相反的 2、4 浪应为三浪。

（2）引导楔形形态的第 1 浪必须是推动浪或者也是一个引导楔形形态，有些时候引导楔形形态的第 1 浪如果是三浪，也可看作引导楔形形态。引导楔形形态的第 5 浪则必须是推动浪或者是一个终结楔形形态。

（3）引导楔形形态的第 2 浪可以是除了三角形调整以外的任意一种调整浪，第 4 浪可以是任意一种调整浪，第 4 浪出现锯齿形调整更为普遍。

（4）幅度上，第 2 浪必须小于第 1 浪，第 3 浪必须大于第 2 浪，第 5 浪总是短于第 3 浪，第 2 浪与第 4 浪必须有重叠，第 3 浪在第 1 浪和第 5 浪之间不能是最短的。

### 2. 终结楔形形态

终结楔形形态是在两条逐渐收敛的直线之间形成一个楔形走势，其间的每一个次级浪均可细分为三浪，一般将其简称为 3–3–3–3–3 结构。终结楔形形态为推动浪中的一种特殊形态，是波浪理论中非常经典的形态之一，主要出现在推动浪的第 5 浪中，如图 2–16 所示。C 浪也有出现，但比第 5 浪少见，终结楔形形态如果出现在 C 浪，通常将其称为“C 楔”。

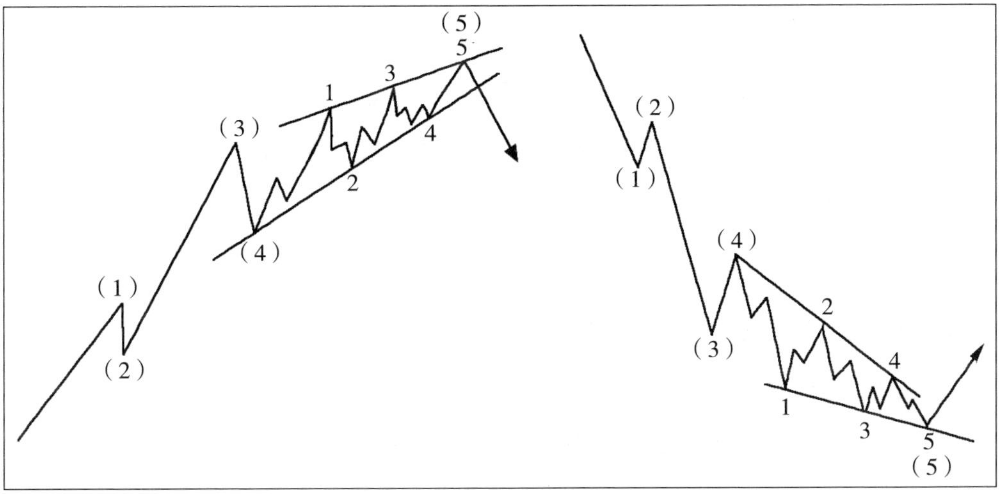


**图 2–16　终结楔形形态**

图 2–17 为 CME 比特币期货 2020 年 1 月到 2021 年 8 月的日 K 线图，第 5 浪出现了上升终结楔形形态。

（1）形态特征。

①终结楔形在形态上必须呈收敛状，第 1 浪至第 5 浪在两条收敛的直线中运行，不可以是扩散形态。典型的终结楔形形态的第 5 浪不能超过楔形的上轨或下轨。

**图 2-17 CME 比特币期货 2020 年 1 月—2021 年 8 月的日 K 线图**

②终结楔形形态内部子浪应分别为 3–3–3–3–3，也就是说，与趋势方向相同的 1、3、5 浪应为三浪，与趋势方向相反的 2、4 浪也为三浪。

③终结楔形形态是与主要趋势同方向的形态，第 4 浪与第 1 浪的价格波动区间有重叠。

④不管终结楔形形态出现在第 5 浪还是 C 浪，它出现的位置都正好是较大级次的波动形态结束的位置，在此之后，市场将发生重大转势。

⑤在形态运行期间，成交量通常趋于萎缩，但在其最后一个运行周期（小时、日、周等），经常以巨大的成交量作为结束。

⑥幅度上，第 2 浪必须小于第 1 浪，第 3 浪不能同时短于第 1 浪或第 5 浪，通常第 5 浪小于第 3 浪，第 5 浪必须大于第 4 浪。

⑦第 2 浪不能是三角形调整，第 4 浪可以是任意调整浪，第 2 浪和第 4 浪通常是锯齿形调整，很少出现平台形调整。

⑧伴随着终结楔形形态的出现，行情趋势临近尾声，交易者继续看涨或者看跌的力量慢慢开始衰竭，预示着趋势即将见顶或者见底。终结楔形形态不会演变成失败的五浪，故其高（低）点会高于（低于）第 3 浪的高（低）点。

操作上，投资者可以利用终结楔形形态的上述特性来清理一部分仓位，同时也可以直接用来逃顶和抄底。

（2）上升终结楔形与下降终结楔形。

上升终结楔形是市场疲弱的征兆，下降终结楔形是市场转强的征兆。

上升终结楔形一旦出现，投资者一定要高度重视，因为后面紧跟着的可能会是直线下跌。该形态多发生在一轮大牛市后期。由于浮动盈利积聚过大，投资者套现欲望强烈，主力为防止因集中出货导致“崩盘”，会采取边拉边出的手法，结果形成股价屡创新高但升幅趋减的态势。

下降终结楔形经常发生在一轮大熊市后期。由于累积跌幅较大，市场抛压开始减弱，场外资金也开始回流。由于人气一时无法充分积聚，结果形成股价屡创新低但跌幅趋减的态势。这时若有突发利好刺激，一般会使股价迅速进入升势，从而宣告原熊市终结。

（3）终结楔形形态与引导楔形形态。

判断是引导楔形形态还是终结楔形形态，一是判断其出现的位置（低位还是高位）；二是判断其内部结构（5–3–5–3–5 还是 3–3–3–3–3）。其相同点在于它们同属驱动浪，而且都是第 1 浪与第 4 浪重叠的五浪结构。从实际走势来看，终结楔形形态要比引导楔形形态更为常见。

从形态上看，终结楔形形态比引导楔形形态更容易辨别，一是数浪要求降低，不需要严格地数出内部结构是否为五浪，只需要是一个三浪结构的锯齿形就可以了；二是终结楔形形态的走势非常缓慢，市场会花很多时间来完成这个形态，能够给交易者充分的时间来判定它是否是一个终结楔形形态。

笔者认为，由于内部结构并不一定很清晰，引导楔形形态和终结楔形形态最大的区别反而在于它们出现的位置。趋势初期出现可以理解为蓄势，趋势末期出现可以理解为消耗。但实际上，所谓初期还是末期往往是很主观的，所以判断引导楔形形态和终结楔形形态的关键在于宏观上对趋势的把握。

（4）终结楔形形态与失败形态。

终结楔形形态和失败形态有异曲同工之妙，都是源于动能衰竭。不管表面原因是来自基本面还是技术面，力量对比是市场走势的核心本质。多空力量争斗，包括那些被消息误导，甚至挂大单诱导进入市场的买卖盘在内的多空合力，是一切走势的根本原因。市场总是沿着阻力最小的方向运行，这既是因，也是果。

## 三、小结

### （一）要点总结

（1）波浪理论把以五浪驱动的模式叫作推动浪，人们常说的大牛市和大熊市就是标准的推动浪。推动浪有两个特性：趋势性和大斜率。推动浪是趋势的一种表现形式，它笔直向前，比较容易识别和研判。“5”代表了一种方向，如果市场一致看好某一个方向，自然会以一个五浪甚至九浪结构行进，而不是以三浪调整结构去运行。推动五浪的出现可以说是人们意见达成一致的必然结果。

（2）推动浪是对趋势更进一步的划分，可以让人们对趋势有更深层次的理解。推动浪总是与大一级波浪同向运动，由五个浪组成，并被标记为 1、2、3、4、5。推动浪中最弱的形式是失败浪，即失败的第 5 浪，但失败的第 5 浪较少出现；最强的形式是延长浪，在五浪的内部子浪特别是第 3 浪中最容易出现延长浪。

（3）推动浪按照出现的概率从大到小划分，最常见的推动浪为标准型推动浪，其次为延长形态，再次为失败形态。推动浪从理论上可以划分为 5−3−5−3−5，这是它本身的内部结构，但实际操作和市场本身通常不能达到理想的结构。从实际运用的角度来说，只要“似”5 就已经足够，而且这一点是笔者多年的经验总结，需要读者反复领悟。

### （二）实战指南

对于推动浪，老手最为关心的是它的级别，如果是日线级别，而且可以直接判断这个推动浪还将连续创新高，那么此时只需要考虑如何去顺势交易。因此，交易者需要进阶的就是对级别的理解。大家可以将级别近似地看作时间周期，时间周期越大的推动浪越稳定，时间周期越小的推动浪则越容易被市场搅扰，从而摇摆不定。推动浪是阳，调整浪是阴，市场不是在推动浪之中，就是处于调整浪之中，推动浪是调整过后的必然产物，只要捕捉到未来的推动浪，则意味着将捕获较大的利润。

波浪理论初学者大多会认为推动浪很简单，其实不然，准确地识别推动浪绝非易事。原因很简单，推动浪以标准的五浪来界定，不仅需要严格满足数浪法则，还需要满足一些局部条件，在某些不应该出现推动浪的地方出现了推动浪，就需要交易者进一步研判。

在市场转势初期，很难在第一时间辨别出是否是一个真正的推动浪，一是有一部分不标准的浪形不容易数清楚，二是在前面的大趋势面前不敢轻易言底（顶）。实际上，在辨别到底是反弹还是反转上，一定要坚持两个必要的原则：一是先看反弹不看反转；二是用小反弹来看大反弹。

分别解释如下：先看反弹，是指不管大周期还是小周期，都只看后面还有一波，在心里将这后面的第 3 浪当成最后一波行情，做完这后面的一波行情要懂得收手。理解了第一点再来理解第二点，用大周期的反弹加上小周期的反弹来看大周期是否真的要反弹，大反弹的第 3 浪还没有开始时，用小周期对前面一波大调整来看是否是一个反弹。大周期加上小周期进行双重确定，成功率就会提高一个档次，而且只用小周期的止损就可以博取大周期的利润，简单点说就是用小周期来博大周期。其中最关键的就是对这个小推动浪级别的肯定，首先不能太小，幅度要足够，其次是一定要满足推动浪的必要条件。这就是充分利用推动浪的多周期共振实现以小博大的精髓。

# 第二节　调整形态

## 一、调整形态的形成

调整浪又叫修正浪，用 A、B、C 进行标注，是指与主要趋势相反的浪，调整浪是对驱动浪的调整和修正，对过于激烈的上升或下降进行适当休整，有利于新一轮的上冲和下调。对于多头市场来说，第 2 浪和第 4 浪是调整浪；对于空头市场来说，B 浪是调整浪。

在技术图形上，调整浪比推进波更加复杂多变，因此，在数浪和级数的识别方面就显得更加困难。许多交易者在推动阶段赚的钱，在调整阶段又亏了回去，这就要求交易者在划分调整浪时要特别小心。

在辨认调整浪时，一条重要的原则是调整浪一定以三浪或三浪的变形出现，绝不会以五浪的形式出现，只有推进浪才是五浪（三角形调整除外）。换言之，如果一个五浪的运动去调整更大一级的运动，那么这个五浪只能是调整的一部分，肯定不是全部。实战中，在调整浪的末期经常会出现一个推动浪，这就是为什么调整的末期总是容易出现突然暴涨暴跌的情况，这种情况其实是调整末期的信号。

调整形态有以下四种类型。

- 锯齿形调整形态（5–3–5）：包括常规型、双锯齿和三锯齿。
- 平台形调整形态（3–3–5）：包括常规型、扩散型和奔走型。
- 三角形调整形态（a–b–c–d–e）：包括上升三角形、下降三角形、收敛三角形和扩散三角形。

- 联合形调整形态：包括双三和三三。

## 二、调整形态的种类

### （一）锯齿形调整形态

锯齿形调整形态又称为之字形、曲折形或 N 字形调整形态，是最常见的调整结构。锯齿形调整是一个与主趋势方向相反的三浪调整形态，标记为 A–B–C。这三浪可以分别再细分成五浪、三浪和五浪，从而形成 5–3–5 结构。其中，A 浪与 C 浪由低一级的五浪构成，B 浪由三浪构成。

锯齿形调整形态有多头市场与空头市场之分。在牛市中，锯齿形调整形态就是一个简单的三浪下降形态，B 浪的顶明显低于 A 浪的起始位置；在熊市中，锯齿形调整形态的方向与牛市相反，因此，熊市中的锯齿形调整形态也称为 N 字形反弹，如图 2–18 所示。

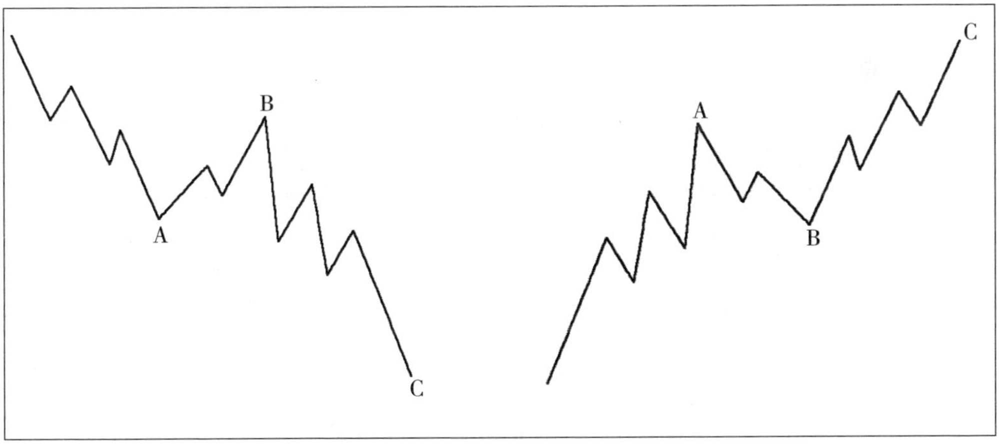


**图 2–18　锯齿形调整形态**

图 2–19 所示为创业板指（399006）2021 年 10 月到 2022 年 4 月 60 分钟走势图中的锯齿形调整形态。

**图 2-19　创业板指（399006）2021 年 10 月—2022 年 4 月的 60 分钟图**

### 1. 形态特征

（1）A 浪必须是推动浪或者引导楔形。也就是说，A 浪必须是一个五浪结构，才能被判定为锯齿形，这是锯齿形与其他调整形态最直接的区别。

（2）锯齿形调整形态的 A 浪为五浪结构，而其他类型调整形态的 A 浪通常为三浪结构。在判断过程中，当一个调整以五个子浪开始运行时，就能断定这是锯齿形调整形态。

（3）在多头市场的锯齿形调整形态中，B 浪的波峰明显低于 A 浪的起始点；在空头市场的锯齿形调整形态中，B 浪的波谷则明显高于 A 浪的起始点。

（4）波浪理论与斐波那契数列具有剪不断的联系。锯齿形调整形态的 B 浪至少是 A 浪的 23.6%，而且 B 浪不能回调到 A 浪的 75% 之上，通常是 A 浪的 50%；C 浪必须是推动浪或终结楔形，通常 C 浪的幅度是 A 浪的 1 倍、1.618 倍或者 2.618 倍。如果 A 浪是引导楔形，则 C 浪是终结楔形的概率很小。

### 2. 多锯齿

当第一个锯齿形修正浪未能达到正常目标时，市场会连续出现二次甚至三次锯齿形修正浪，每个锯齿形修正浪之间由三浪的 X 浪隔开，此时就产生了双锯齿或三锯齿修正浪，习惯上统称为多锯齿形态，其中以双锯齿最为常见。这一形态有时会出现在较高一级的调整浪之中，它很像推进浪中的延长，如图 2-20 所示。

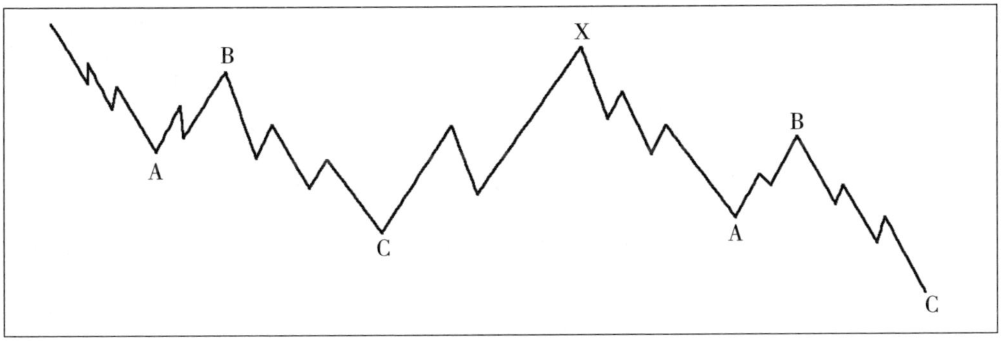


**图 2-20　双锯齿调整形态**

双锯齿调整形态的特征是运行在一个平行的通道之内，各波浪之间发生高低点的重叠，既不满足九浪延伸的形态要求，也不符合五浪运行的规则，而是一种七浪形态。

图 2-21 为冀东装备（000856）2016 年 10 月到 2021 年 9 月周线走势图中的七浪双锯齿调整形态。

**图 2-21　冀东装备（000856）2016 年 10 月—2021 年 9 月的周 K 线图**

### 3. 要点提示

锯齿形调整形态是调整浪中最简单明了的调整形式。

首先，其变形少，因而容易识别。当主趋势暂告一段落，即以推动五浪形式进行调整。交易者由推动五浪就可以确立锯齿形调整形态，无论 B 浪反弹力度大小及其形态如何，最终以五浪形式调整的大 C 浪不可避免。

其次，锯齿形调整浪容易把握。一旦锯齿形调整形态确立，那么只需着重研究幅度较大的 C 浪走势，就可以较准确地把握锯齿形调整浪。

（1）空头市场中，区别锯齿形反弹浪与上行推动五浪的关键是分析幅度与周期，具体有以下几个步骤。

①上涨推动五浪中，按回吐法则，第 3 浪的第 4 子浪低点不应被有效击穿。如果回调中有效击穿该低点，则以推动五浪上升的可能性减小，而以锯齿形反弹浪上涨的可能性增大。

②上涨推动五浪中，第 4 浪的调整周期与第 2 浪的调整周期基本相同。如果第 4 浪的子浪 a 的调整周期与第 2 浪的调整周期已十分接近，甚至超过第 2 浪的调整周期，则以推动五浪上升的可能性减小，而以锯齿形反弹上涨的可能性增大。

③上涨推动五浪中，第 4 浪的调整幅度通常小于第 3 浪上升幅度的 2/3。如果第 4 浪的调整幅度大于第 3 浪上升幅度的 2/3，则以推动五浪上涨的可能性减小，而以锯齿形反弹浪上涨的可能性增大。即使最终以推动五浪上涨，也多数以失败形态出现。

（2）利用锯齿形调整浪获利。

在实际操作中，由于锯齿形调整浪的 B 浪力度是所有调整浪中最弱的，利用锯齿形调整浪 B 浪进行短线操作，有时会显得过于勉强。笔者主张放弃锯齿形调整浪 B 浪的短线机会，更多地关注 C 浪及其结束后的中长线投资机会。

在大周期里，锯齿形调整形态虽然是一个调整浪，但是它的最后一波 C 浪是一个推动浪，而且是一个很大的推动浪，因此它可以成为一个很好的获利浪。一言以蔽之，只要将周期放大，无所谓调整浪还是推动浪。实际操作中，只要做的浪是一个推动属性的浪就可以，因为只要是推动浪，它一定会以五浪形式出现，既方便获利又方便离场。

锯齿形调整形态理论上是三浪结构的调整浪，实际上，只需要在它身上附加一个大级别，就转变成了“有利可图的推动浪”。大家要充分利用锯齿形调整形态的规律，首先利用 A 浪是一个五浪结构而不是三浪结构排除它是其他调整形态，接下来就是捕捉确定性的推动 C 浪。操作锯齿形调整形态的级别当然是越大越好，因为足够大才能有较好的获利空间。

图 2-22 为中远海控（601919）2018 年 9 月到 2019 年 5 月的日 K 线图。该股股价在一波下跌趋势后出现了反弹，该反弹以（a）-（b）-（c）三浪锯齿形展开。从图中不难看出，操作锯齿形的（c）浪具有不菲的获利空间。

**图 2-22　中远海控（601919）2018 年 9 月—2019 年 5 月的日 K 线图**

## （二）平台形调整形态

平台形调整形态是非常常见的调整形态，呈现出一种无趋向状态。平台形调整形态无论是内部结构还是外形都极为简单，其内部结构为 A–B–C 三浪结构，子结构为 3–3–5 结构，这是其与锯齿形调整形态最本质的区别。通常平台形调整是横向运动的，即每一浪的长度大体相同。以上升趋势为例，经历过一轮五浪推动之后，市场进入 A 浪。而后市场波动向上，形成 B 浪，并达到 A 浪起点附近。最后，市场再次回落至 A 浪终点附近，形成 C 浪。与锯齿形调整形态相同，平台形调整形态也分为多头市场和空头市场两种情形。

相对而言，平台形调整形态的调整幅度要小于锯齿形调整形态，常在主趋势具有更大潜力的时候出现。因此，平台形调整形态经常在延长发生之前或者延长发生之后出现，主趋势积蓄的潜在力量越大，平台形调整形态越可信，如图 2–23 所示。

**1. 形态特征**

（1）平台形调整形态的回撤幅度往往结束于前期推动浪幅度的 38.2%，很少超过 50%。

（2）A 浪通常是锯齿形的三浪结构。

（3）B 浪通常也是锯齿形的三浪结构，幅度通常超过 A 浪的 61.8%，抑或完全抵消掉 A 浪。如果 B 浪很有力量，超过了 A 浪的顶点，仿佛市场要跟着 B 浪走，这时将变形为扩散型或奔走型。

（4）C 浪只能是推动浪或终结楔形。一般 C 浪会逼近 A 浪的终点，最起码不会比 A 浪幅度小，通常幅度稍破 A 浪或是 A 浪的 1.236～1.382 倍。C 浪绝不能超过 A 浪幅度的 3 倍，必须小于 A 浪与 B 浪中幅度最大一浪的 2 倍，并且与 A 浪共享某些价格区域。

（5）平台形调整形态出现在第 4 浪的概率要比第 2 浪大。其中，第 3 浪的第 4 子浪最容易出现平台形调整形态，此时第 3 浪的第 2 子浪和第 4 子浪通常会违背交替法则。

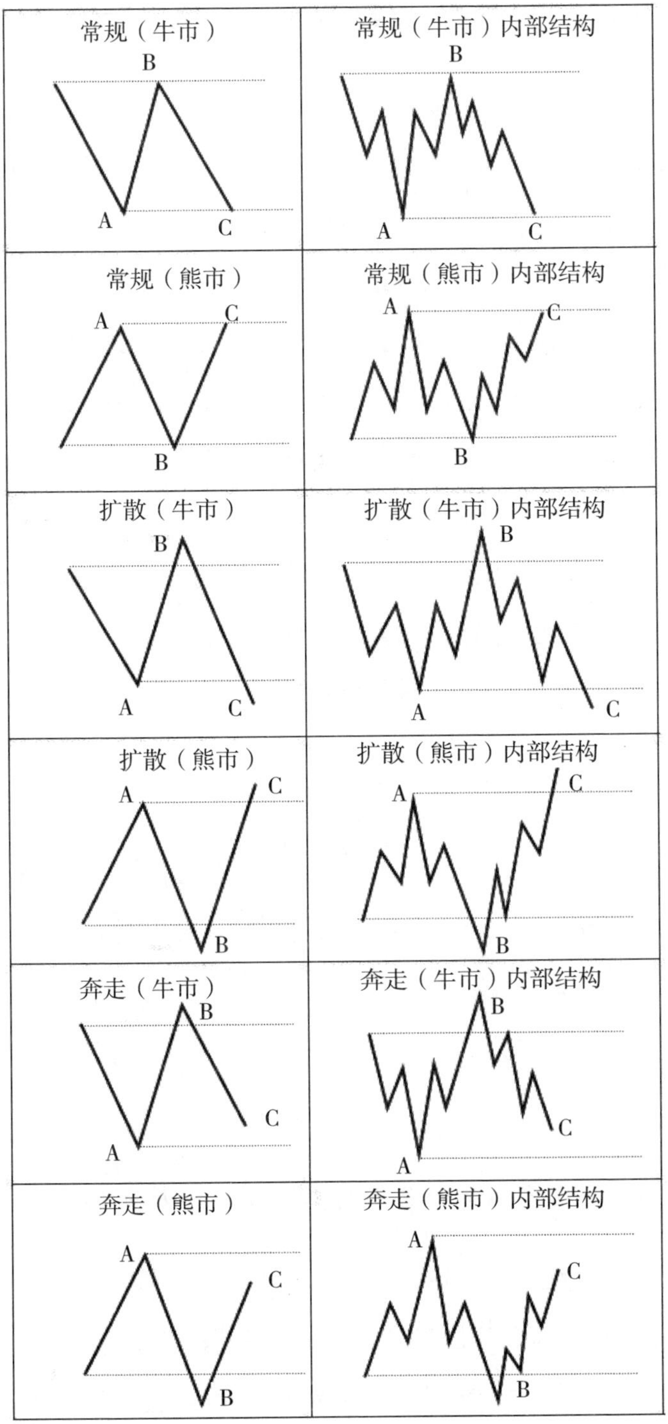


**图 2-23　平台形调整形态**

（6）通常三个浪在运行的时间上基本相同。

### 2. 三种形态

在调整浪中，凡是可细分为 3–3–5 结构的，均为平台形调整浪，可根据其外形上的不同，进一步分为以下三种形态。

（1）常规型。每一浪的长度大致相同。对于平台形调整形态中的常规型而言，在多头市场，由于市场缺乏足够的拉回力道，使得第一个下降 A 浪无法像锯齿形那样形成完整的五浪，B 浪也因市场拉回整理压力不足而一路向上至接近 A 浪的起点才停止，而 C 浪则在 A 浪结束点附近停止。平台形调整浪在空头市场和多头市场里刚好相反。

图 2–24 为 IC 量指（IC97）在 2020 年 6 月到 12 月的日 K 线图。2020 年第三季度，日线上出现了平台形调整形态中的常规型。

**图 2–24　IC 量指（IC97）2020 年 6 月—12 月的日 K 线图**

（2）扩散型。B 浪的终点将会超过 A 浪的起点，而且 C 浪的终点也会明显超过 A 浪的终点。以上升趋势为例，这种调整类型的 B 浪会创出新高，一般为 A 浪的 1.15 倍或 1.25 倍幅度；最后的 C 浪会下降至比 A 浪终点更低的位置，幅度一般为 A 浪的 1.618 倍或 2.618 倍，如图 2–25 所示。

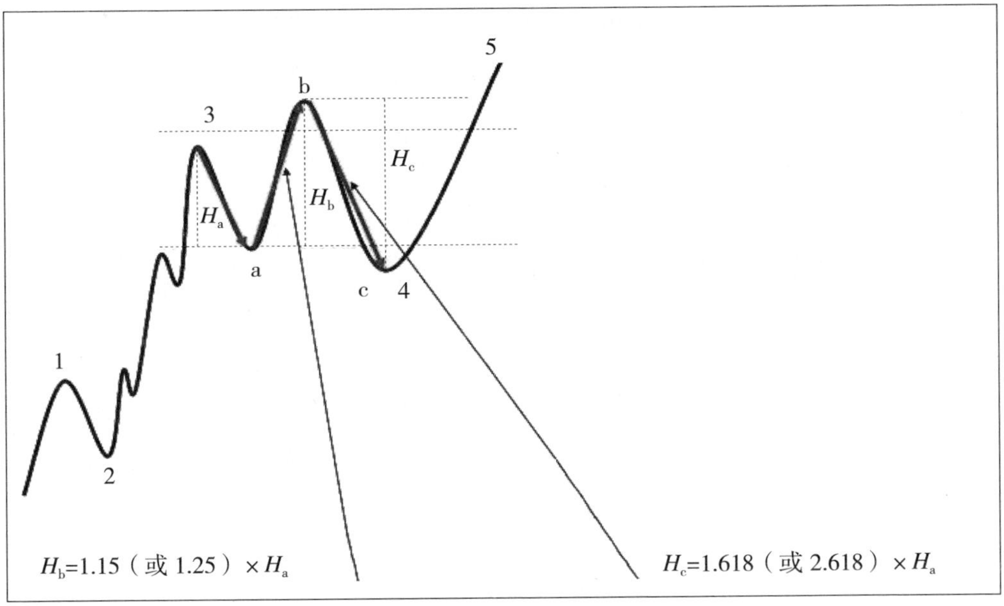


**图 2-25 扩散型**

有的分析师亦将此种调整形态称为“穿头破脚”调整形态，如图 2-26 所示。当这种调整形态出现在延长第 5 浪结束后，就会出现艾略特所谓的“变异顶形态”。变异顶形态将在后文详细论述，此处不再赘述。

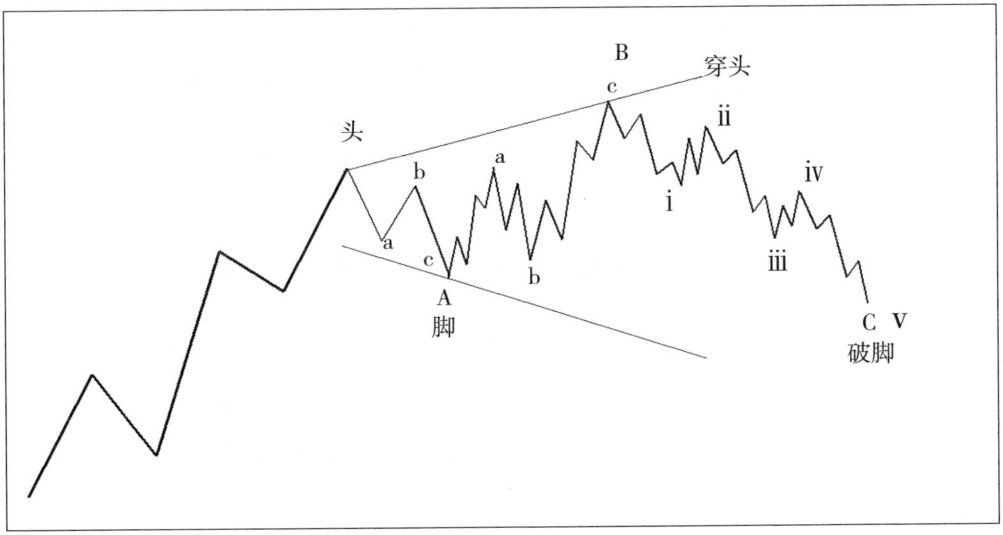


**图 2-26 “穿头破脚”调整形态**

图 2-27 为全指成长（000057）2019 年 10 月到 2020 年 6 月的日 K 线图。在 2020 年第一季度，日线上出现了平台形调整形态中的扩散型。

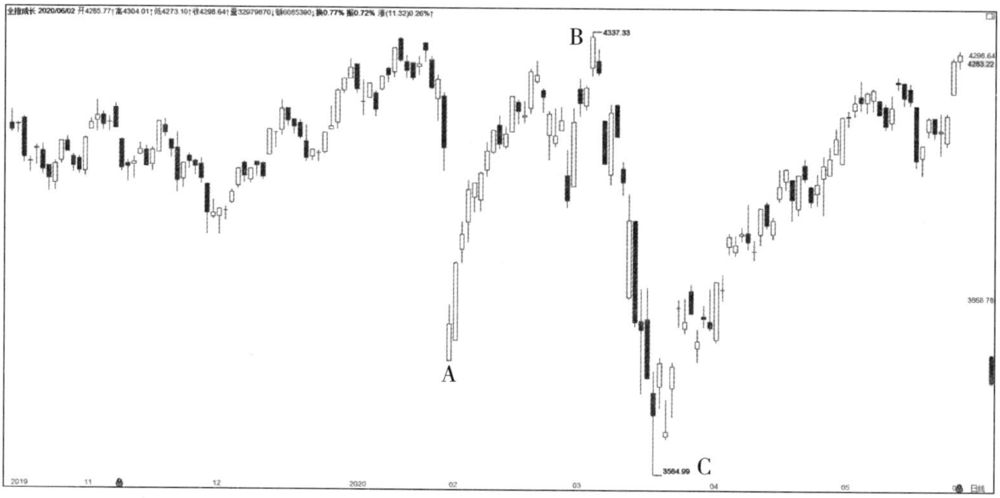


**图 2-27　全指成长（000057）2019 年 10 月—2020 年 6 月的日 K 线图**

（3）奔走型。这种情况较为少见，B 浪的终点跟扩散型一样也超过了 A 浪的起点，但 C 浪的终点未到达 A 浪的终点。一般来说，奔走型比较容易发生在走势凌厉而且行进快速的市场中，因为在这样的市场中，由于价格快速行进，市场没有充裕的时间调整以形成常规型。在奔走型中，市场基本面或心理面似乎压过了波浪的正常发展而成为支配市场走势的主要力量。但由于奔走型出现的概率较小，因此，在实际运用时不可轻易把某次调整归类为奔走型。

图 2-28 为黄金期货（COMEX）在 2015 年 8 月到 2021 年 2 月的周 K 线图，近似以平台形调整形态中的奔走型完成第②浪回调，之后开启第③浪主升浪。

以上三种平台形调整形态中，后两种形态被艾略特称为“非常规”平台形。

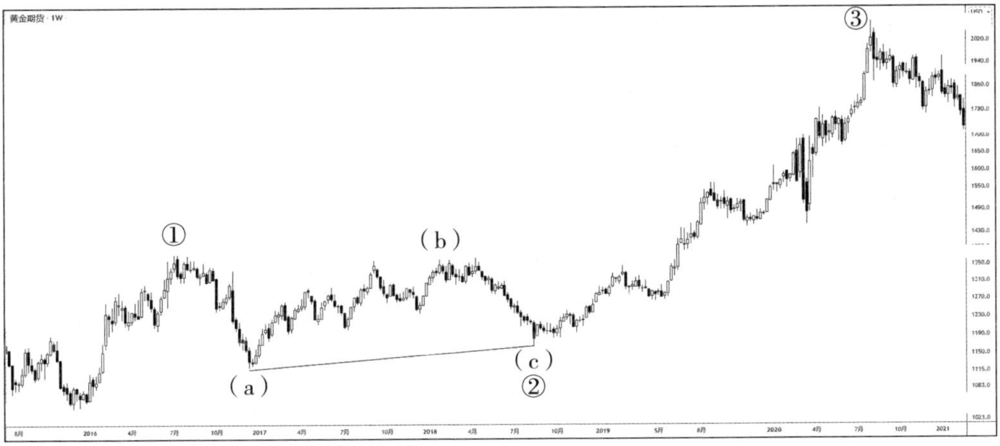


图 2-28 黄金期货（COMEX）2015 年 8 月—2021 年 2 月的周 K 线图

### 3. 锯齿形调整形态与平台形调整形态

锯齿形调整形态内部为 5-3-5 结构，而平台形调整形态内部为 3-3-5 结构。锯齿形、平台形都呈现三浪形态，两者的核心差异是 B 浪反弹的幅度。

锯齿形 A 浪的下跌速度往往比平台形 A 浪的下跌速度更快，但是，两者之间并不存在本质的形态差异。从 B 浪来讲，锯齿形和平台形的 B 浪不过是一个三浪形态，或者是弱三浪，或者是双峰。要提醒交易者的是，B 浪不会出现五浪，因为此时更大级别的趋势仍未结束，其市场特征是多空分歧，而五浪必须是在同一个共识为前提的市场条件下才能出现。

锯齿形的 B 浪由于运行时间短，常常出现弱三浪形态，而平台形的 B 浪由于运行时间长，常常出现双峰形态。锯齿形与平台形的差异，可以理解为 B 浪弱三浪和双峰的差异，它们都是三浪形态，但是内在逻辑差别所导致的形态在运行轨迹上有所不同。锯齿形初期就表现出市场的悲观气氛，向下运行更加犀利，中间 B 浪调整较为短促，整体一气呵成。平台形初期则表现出市场的犹豫，平台形 A 浪向下运行相对缓慢，B 浪调整时间较长，但 C 浪调整有时更加迅猛。

经验表明，第 2 浪的位置上更容易出现锯齿形，操作锯齿形第 2 浪的子浪 c 比坐等第 3 浪更积极，更有智慧。大三浪的力量不仅仅来自锯齿形第 2 浪的衰竭，而是第 2 浪衰竭和反向力量爆发的双重作用。锯齿形是一方力量暂歇，反方力量释放。反方力量释放完毕，推动浪将继续。横向调整的平台形是多空双方力量的消耗僵持，一方力量消耗，另一方力量为下一波推动积聚能量，所以大周期第 5 浪往往比较强，因为大周期第 5 浪前面的第 4 浪往往是横向平台形调整形态，而第 2 浪的位置如果出现类平台形调整形态，其后的第 3 浪也将是强势爆发。可见，平台形调整形态后面是反转还是反弹都不重要了，重要的是紧随其后的爆发。图 2–28 所举的例子中，黄金期货周线上第②浪为类平台形调整形态中的奔走型，当属强势中的强势形态，其后面的爆发力度从图中便能感受到。

### (三) 三角形调整形态

波浪运动时常会以三角形形态向某一点逐渐收缩，或者从某一点逐渐扩散。这种结构非常重要，因为该结构的第 5 条腿出来以后，趋势会立即朝着第 2 条腿的方向发展。这种波浪运动形式构成的调整形态，艾略特将其称为“三角形调整形态”，这里用 a、b、c、d、e 来表示该结构。

三角形调整形态是指 a–b–c–d–e 这五波形态，它们运行在引自 a 浪与 c 浪终点的连线，以及 b 浪和 d 浪终点连线的汇集或发散的通道线内。三角形调整是唯一不属于 A–B–C 形态体系的调整形态，是唯一具有五浪结构的调整浪，而且每一浪皆可再细分为三浪，从而具有 3–3–3–3–3 的内部结构。

艾略特将三角形调整形态划分为四种类型：上升三角形、下降三角形、收敛三角形[①]和扩散三角形[②]，如图 2–29 所示。其中，前三种类型较为常见，

---

① 收敛三角形，又称为“对称三角形”“收缩三角形”和“同构三角形”。

② 扩散三角形，又称为“扩张三角形”“开放三角形”和“喇叭三角形”。

尤以收敛三角形最为常见。为了跟推动波的倾斜三角形（楔形）相区别，艾略特把各类形态的三角形调整浪统称为“水平三角形”。

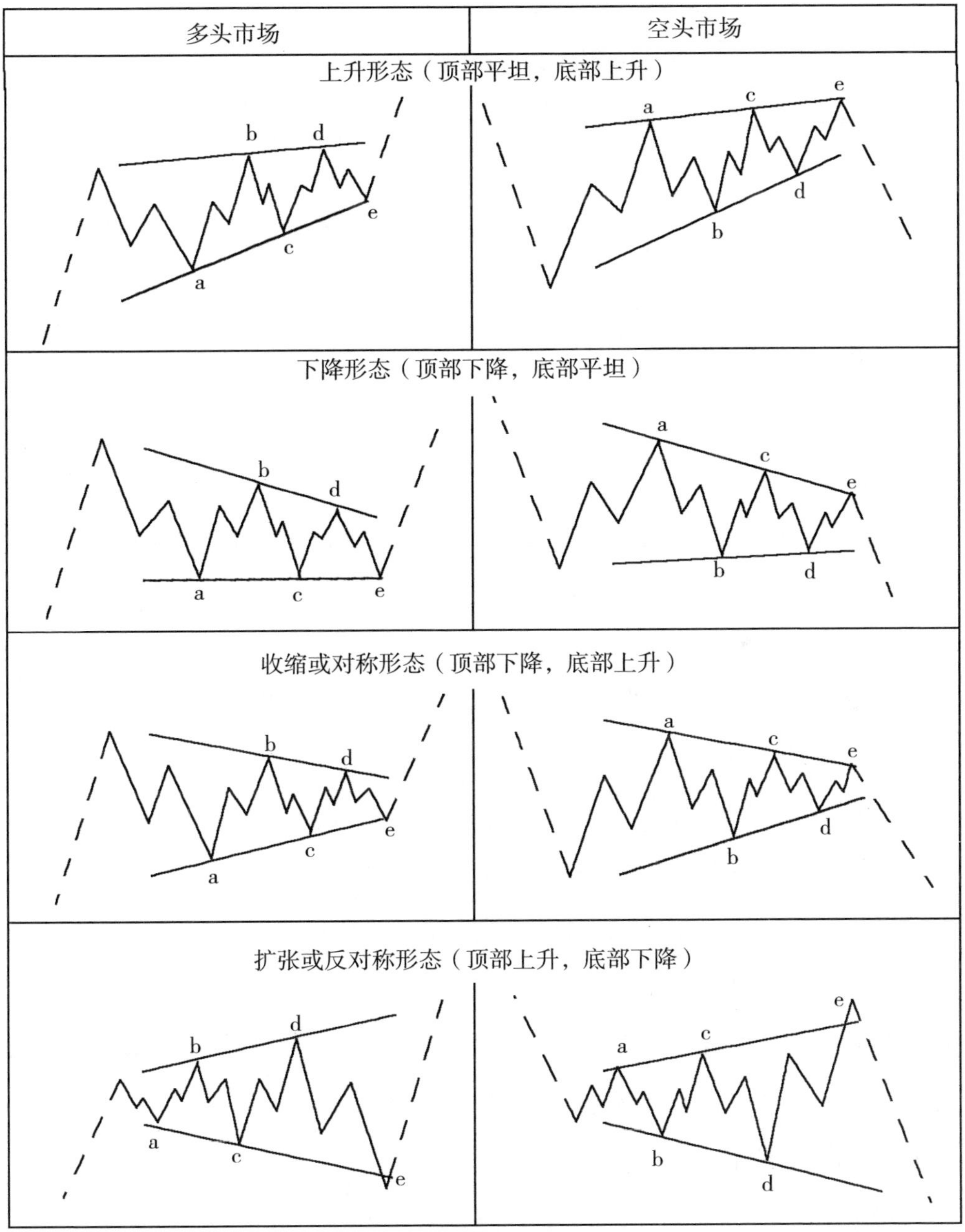


**图 2-29　三角形调整形态**

图 2-30 为日经 225 指数（N225）2012 年 7 月到 2014 年 12 月的周 K 线图。从图中可见，2013 年 5 月至 11 月构筑了一个上线下倾、下线上倾的收敛三角形调整形态，其位置为大牛市之中的小级别子浪，运行形态为三角形调整形态。在 e 浪结束之后，市场继续上攻并超越了三角形 a 浪的起点。

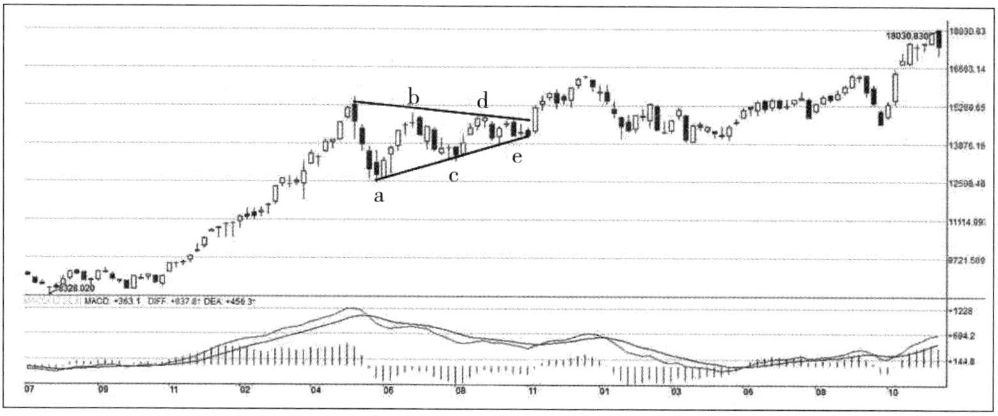


**图 2-30　日经 225 指数（N225）2012 年 7 月—2014 年 12 月的周 K 线图**

### 1. 基本原则

（1）上升（下降）三角形、收敛三角形调整形态遵循的原则如下。

① a 浪只能是锯齿形、多锯齿或平台形。

② b 浪只能是锯齿形、双锯齿或三锯齿。

③ a 浪或 b 浪必须是五浪中幅度最大的一浪。

④ c 浪和 d 浪可以是除三角形以外的任意调整模式。

⑤ a、b、c、d 浪必须在 a 浪和 c 浪终点连线与 b 浪和 d 浪终点连线形成的通道线内或靠近通道线运行。通道线必须在 e 浪结束后才可交叉，且通道线必须汇集，它们不能是平行线。当其中一条通道线为水平时，该三角形为上升（下降）三角形。

⑥除扩散三角形的 d 浪外，其他三角形中的 d 浪经常会伴随着成交量的增加。

⑦ e 浪可以是锯齿形、多锯齿或者收敛三角形，e 浪必须小于 d 浪的价格幅度，但通常大于 d 浪价格幅度的 20%。e 浪必须结束在 a 浪的价格范围内，在 b 浪与 d 浪终点的连线以内或接近连线处运动。

⑧由于 e 浪是三角形新顶点之后一个下跌走势戏剧化的开端，许多市场分析人士认为市场将大跌。e 浪也常常像故意捉弄人似的，假跌破三角形的下轨，从而使市场人士更加相信大势不好，确信进入熊市无疑。但实际上进一步下滑只是假象，此时常常伴随着某些利好消息的出现，市场正准备酝酿向相反方向运行，由于 e 浪是收尾浪，所以市场人士的心理跟第 5 浪相似，极为情绪化。

（2）扩散三角形是一种相对不太常见的三角形调整形态，其遵循的原则如下。

①所有五浪都必须是锯齿形或多锯齿。

② b 浪必须比 c 浪的价格幅度小，但要超过 c 浪价格幅度的 40%。

③ a、b、c、d 浪必须在 a 浪和 c 浪终点连线与 b 浪和 d 浪终点连线形成的通道线内或靠近通道线运行。

④ c 浪必须比 d 浪价格幅度小，但要超过 d 浪价格幅度的 40%。

⑤ a 浪必须在通道线内或靠近通道线运行。

⑥通道线的交叉必须发生在 a 浪开始前，通道线必须分散，它们不能是平行线，任何一条通道线都不能是水平的。

⑦ e 浪价格幅度必须高过 d 浪，但 d 浪必须高过 e 浪价格幅度的 40%。

⑧ a 浪或 b 浪是五浪中价格幅度最小的一浪。

⑨ e 浪必须结束在 a 浪的价格范围外，且必须在 b 浪和 d 浪终点连线的通道线内或接近通道线运行。

### 2. 量度目标

三角形结构本身是由五浪组成的，五浪中的每一浪又可以细分为三个小浪，其构成为 3-3-3-3-3 的五个重叠浪，说明多空双方力量处于均衡状态，价格呈水平方向运动，行进过程中往往伴随着成交量的减少。其相邻子浪幅度通常遵循黄金比例关系。从历史的观察结果发现，三角形相邻子浪常常遵循黄金比例关系。在经过一个三角形调整之后，市场的最后一个推动浪往往很快形成，后面的推进波通常会呈急拉之势，其拉升的量度目标则大致为三角形调整形态最宽部分的距离，如图 2-31 所示。空头市场原理相同，方向相反。

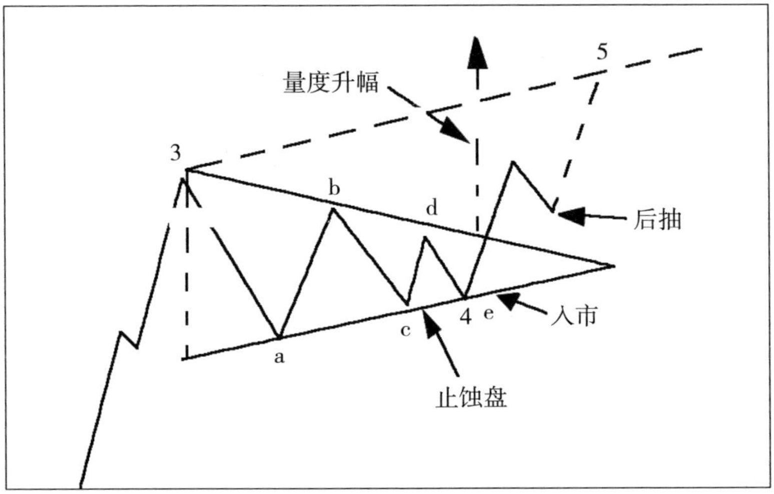


**图 2-31 量度目标**

值得注意的是，该量度目标只是对三角形后期走势的一个大致估计，不是一种必然结果。当市场特别强势的时候，可能会大幅超过量度目标；当市场极度弱势的时候，亦有可能大幅低于量度目标。

图 2-32 为江南水务 2015 年 3 月到 2019 年 7 月的日 K 线图，以三角形调整形态完成 B 浪反弹。股价跌破三角形下轨后，大 C 浪杀跌如期而至。其中，三角形最宽处的距离等于最高价 9.86 元减去 4.87 元，即 4.99 元。三角形突破点的价格为 7.47 元，用 7.47 元减去三角形最宽处距离 4.99 元，得到量度目标 2.48 元，最终 C 浪低点为 3.07 元，与量度目标仅差 0.59 元。

图 2-33 为科创 50（000688）2021 年 3 月到 8 月的日 K 线图。在经历了扩散三角形调整后，行情继续上涨，并创出之前第 3 浪的新高，但其涨幅远低于量度目标。

图 2-32　江南水务（601199）2015 年 3 月—2019 年 7 月的日 K 线图

图 2-33　科创 50（000688）2021 年 3 月—8 月的日 K 线图

### 3. 九浪运动

在实际走势中，e 浪穿越三角形上轨（空头市场）或下轨（多头市场）的可能性甚至大于未穿越的可能性。在某些很少见的特殊情况下，三角形调整浪的五浪会延伸成九浪，即 a、b、c、d、e、f、g、h、i 这九个浪。

图 2-34 为烽火电子（000561）2015 年 5 月到 2017 年 5 月的日 K 线图。

该股股价以九浪的方式完成了（b）浪中子浪B的构筑，之后C浪完成了与A浪同方向的突破，预示着整个（b）浪运行完结。

图 2-34 烽火电子（000561）2015 年 5 月—2017 年 5 月的日 K 线图

再举一例，图 2-35 为房地产（J108）2007 年 7 月到 2015 年 7 月的日 K 线图。2007 年见到第 3 浪高点后，用七年的时间经历了九次波动，第 4 浪回调才构筑完成。

图 2-35 房地产（J108）2007 年 7 月—2015 年 7 月的日 K 线图

## 4. 强势形态

三角形调整的 a 浪与 c 浪必须有所重叠。通常来说，三角形形态中每一个次级浪均是依次递减（增）的，但在某些时候，特别是在收敛三角形中，b 浪会突破 a 浪的起点，这样就形成了强势三角形形态，如图 2-36 所示。出现这种情况，说明市场走势极为强劲。

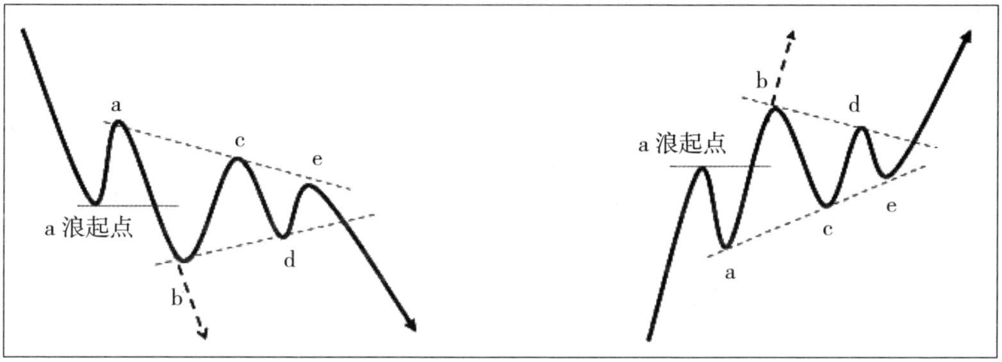


**图 2-36　强势三角形**

图 2-37 所示为上证流通（000090）2020 年 2 月到 2021 年 3 月的日 K 线图。在出现第 3 浪高点后，以 a、b、c、d、e 这五浪形态构造第 4 浪，其中 b 浪突破第 3 浪高点，呈现出一个完美的强势三角形形态，结果其后的第 5 浪勇创新高。

**图 2-37　上证流通（000090）2020 年 2 月—2021 年 3 月的日 K 线图**

### 5. 位置特征

三角形调整形态在指数中出现的概率较低，在上升趋势为五浪的价格运动中，通常出现在趋势结束前的最后一个调整浪里，即推动五浪结构中的第 4 浪。此时，市场将以与第 3 浪相同的方向突破三角形；有时也会出现在 A-B-C 调整结构的 B 浪中。此时，市场将以与调整 A 浪相同的方向突破三角形。总之，三角形调整形态的走势基本上属于横盘巩固形态，等待后市向上（向下）突破。

第 2 浪一般不会出现三角形调整形态，因为三角形调整形态出现时，意味着后面的推动浪是趋势末期了。如果在第 1 浪后紧跟着出现三角形调整形态，则意味着它是一个 B 浪，不是第 2 浪。也就是说，在大家认为的第 2 浪位置如果出现三角形调整形态，后面的第 3 浪只能被看成 C 浪，而先前认为的第 1 浪则应被视为 A 浪，如图 2-38 所示。

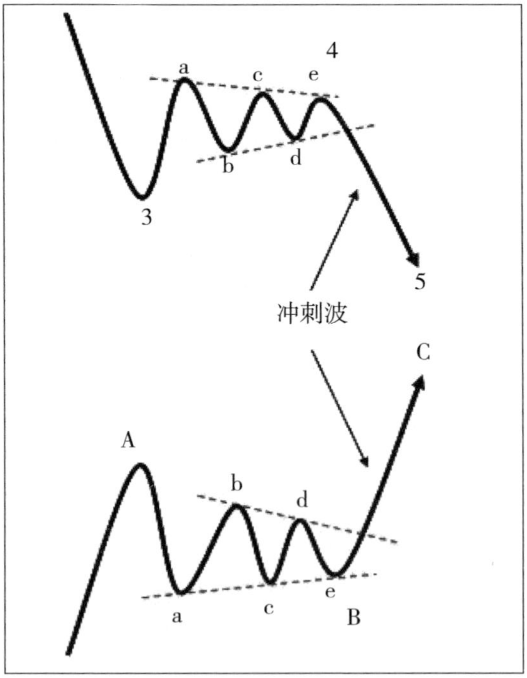


图 2-38　三角形调整形态出现的位置

### 6. 三角形调整形态与楔形调整形态

与三角形调整形态明显不同，楔形调整形态不仅具有明确的涨跌方向，而且可以上涨，也可以下跌。楔形既可以作为引导楔形出现在趋势的开始，也可以作为终结楔形出现在趋势的结尾。艾略特把楔形归类为倾斜三角形，笔者认为，虽然命名无所谓对错，但是这种归类方法混淆了三角形和楔形的本质区别，容易误把三角形的各种特征加在楔形之上，或者把楔形的各种特征加在三角形之上，很容易导致初学者错误判断形态，最终无法正确判断市场趋势。因此，对楔形与三角形的明确区分，是本书对波浪理论概念优化的重要内容之一。

三角形与楔形的区别如下。

（1）三角形为调整浪，出现在第 4 浪或 B 浪；楔形为推动浪，出现在第 5 浪或 C 浪。

（2）上升趋势中的三角形，直接以原推动浪调整下来的第一个小子浪为子浪 a。上升趋势中的楔形，方向向上，高点越来越高，从原推动浪下来的是原趋势第 4 浪，之后才开始运行楔形的子浪 1。

### 7. 三角形调整形态小结

判断一个形态即将发展为三角形调整形态，必须等待其至少走出 d 浪甚至 e 浪之后才能初步判定。因此，三角形调整形态事后追认的可能性更大。三角形调整形态出现后，其意义在于判断之后将会向原有趋势相同的方向运行。

总之，在股票市场中，三角形调整形态的重要性不能和锯齿形、平台形调整形态相提并论，三角形调整形态出现的级别、频率与后两者不同。熊市一般只由平台形、锯齿形调整形态或者是两者的任意组合完成，市场很少在大周期中出现多空力量均衡,即使出现这种力量均衡,也会很快被打破。因此，三角形调整形态大多出现在中小周期调整之中，以独立形态完成熊市的概率几乎可以忽略不计。

### （四）联合形调整形态

联合形调整形态是较为常见的复杂调整形态，主要包括双三和三三联合调整形态。双三和三三形态实际上是由前面所讲的锯齿形、平台形和三角形组合而成的联合形态，因此被称为联合形。反映出多空双方力量呈僵持状态，形态表现为以一种平坦的方式水平延伸的态势，如图 2–39 所示。其中，左图为双三联合调整，右图为三三联合调整。也就是说，双三调整可以认为是两个 A–B–C 调整的组合，而三三调整则可以认为是 3 个 A–B–C 调整的组合，其中，任意两组 A–B–C 调整由 X 浪连接，X 浪可以为任意形态的调整浪，但以锯齿形调整居多。实践中，双三联合调整较为常见。双三和三三联合调整只是组合的多寡不同，二者并无本质区别。在下文中，笔者将着重对双三联合调整展开讨论。

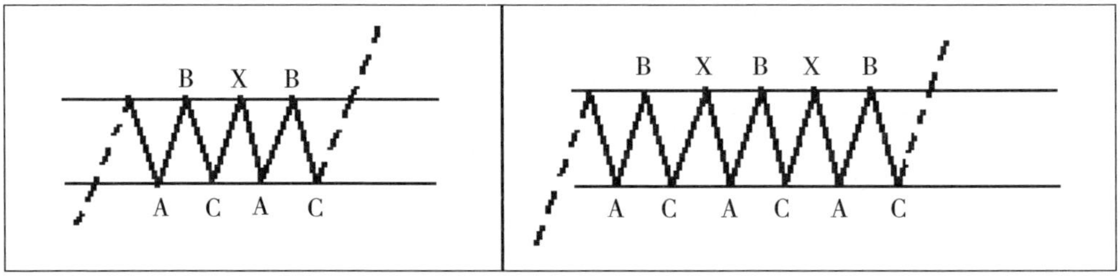


**图 2–39　联合形调整形态**

当市场对于未来的走势显得犹豫难决时，一个修正三浪仍显不足，似乎还需要更长的时间来摆脱僵局，或是等待基本面的变化以突破盘局时，常出现联合形态。联合形相邻两个三浪在形式上往往具有交替出现的性质。

在上升五浪中，整个第 4 浪调整经常是联合形调整。根据上文阐述的三角形调整形态的特性，其总是在大一级运动中的最后一个推动浪之前的位置出现，意味着三角形调整浪往往出现在第 4 浪，这导致三角形调整浪经常作为联合形调整浪中的最后一个调整形态出现。图 2-40 所示为平台形 + 三角形构成的联合调整形态（其中 X、Y、W 的详细介绍可参见第三章第二节 X 浪的内容）。

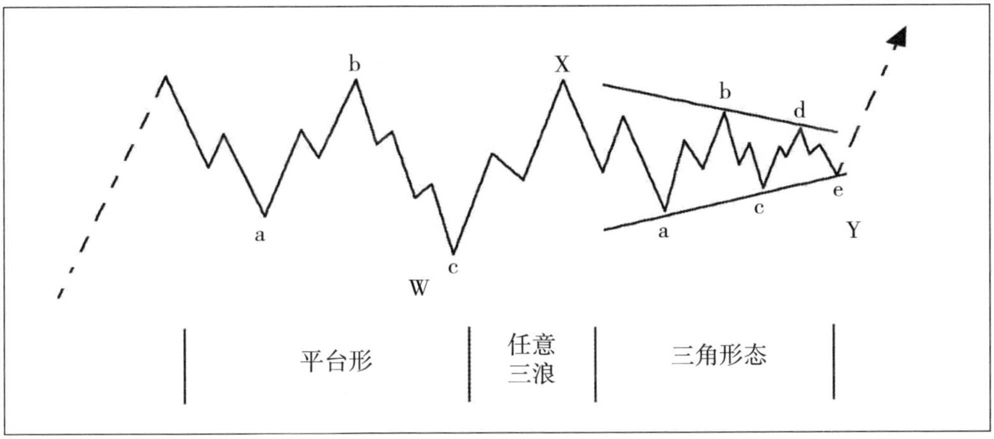


**图 2-40　平台形 + 三角形构成的联合调整形态**

图 2-41 所示为春风动力（603129）2021 年 6 月到 2022 年 8 月的日 K 线图。在低点 101.80 元后出现一波反弹，这波反弹以平台形 + 三角形的联合调整形态出现。

**图 2-41　春风动力（603129）2021 年 6 月—2022 年 8 月的日 K 线图**

图 2-42 所示为锯齿形之后交替出现平台形，即锯齿形 + 平台形的联合调整形态。

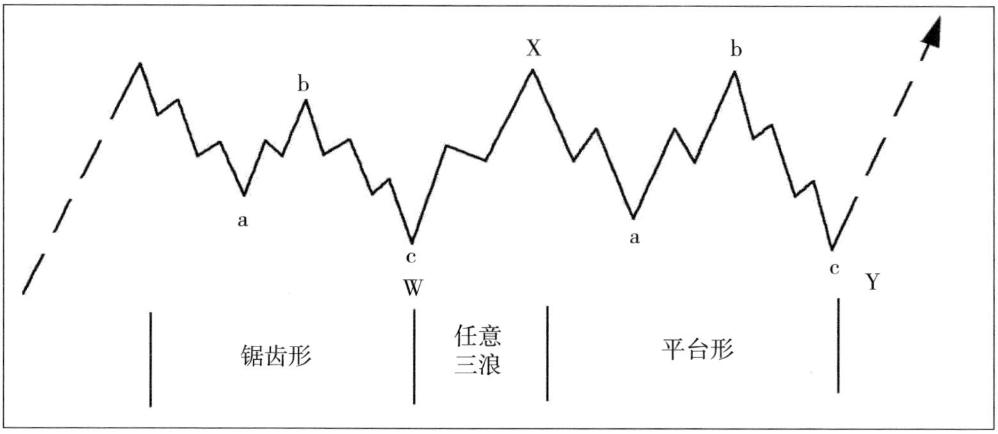


**图 2-42　锯齿形 + 平台形联合调整形态**

图 2-43 所示为上证指数（000001）2018 年 12 月到 2020 年 4 月的日 K 线图。2019 年 4 月创下 3 288 点高点后，整整一年未能再次突破此高位，其间上证指数走出了一波历时 1 年之久的双三联合调整形态。

**图 2-43　上证指数（000001）2018 年 12 月—2020 年 4 月的日 K 线图**

## 三、小结

一个推动浪后必定伴随着一个调整浪，除三角形调整形态外，调整阶段一般都由三浪组成。从“道”的角度来讲，调整浪就是阴阳鱼中的阴，是一个反作用力。也就是说，从整体上看，大家不但要研究推动浪，也要研究透它的对立面——调整浪。

在波浪理论中，较容易区分推动浪的级数和趋势，调整浪级数的划分则较难分辨，需要多看多思考，不断积累经验。识别调整浪的难点在于不好把握它是要走常规形态还是非常规形态，以及后面的走势要以什么形式出现。其实，抛开这些看似复杂多变的表象，只抓取能够给投资者带来盈利的区域或者形态就可以了，这才是一个删繁就简的思维方式。

调整浪的实际运用和高级运用一定不能脱离推动浪，因为只有刚柔并济，才能产生至高无上的力量。在交易市场中，如能领悟它们的合力，自然会有一种无所畏惧的自信由心而发，交易成绩自然提升。

为什么很多交易者总是“逆势而为”？所谓逆势操作，很大程度上就是你的操作对象是调整浪而非推动浪。操作级别暂且搁置的情况下，唯有推动浪才能代表趋势。所谓顺势操作，包括了趋势初期的发现、趋势延续的跟踪以及趋势末期的判断。趋势发现的相关技术以及相应的仓位和止损策略，是交易者学习波浪理论的重中之重。阳中之阴，重点还是前面这个阳。逆势操作除了抄底、逃顶这个主观因素之外，另外一个客观原因即大部分趋势初期和末期，行情总是来回反复，反向波动力量毫不逊色，因此交易者总是担心行情突然反向，不敢继续顺势。既然预期有明显趋势特征，就应该大胆顺势操作，不应首鼠两端，这完全是因为不理解趋势的本质所致。

# 第三节 变异形态

## 一、变异顶形态

“市场在 1928 年 11 月至 1932 年 7 月出现过这个顶。”艾略特写道，“对这个形态的充分理解和透彻把握十分重要。”对于这个变异顶，艾略特又说：“现在还无法成功解释这个现象，可能解释根本就不存在，原因未知。但记住变异顶的市场表现，则能避免损失和获取利润。”如图 2–44 所示。

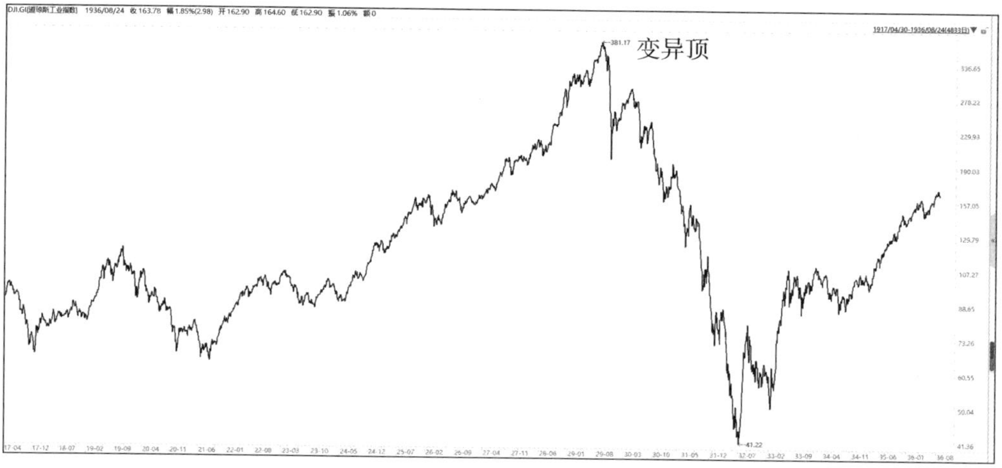


**图 2–44 道琼斯工业指数（DJI）1917 年 4 月—1936 年 7 月的日收盘线图**

艾略特认识到股价的一些非常规型波动，曾专门讨论过变异顶形态并试图为其找到合理的解释。艾略特指出：如果第 5 浪发生了延长，并且延长的终端也是上一级第 5 浪的终点，那么接着将会出现更大一级的熊市。这个熊市开始时会是一个不太常见的小模样延伸平台形调整浪，或者是一个 C 浪幅度远远超过 A 浪的调整浪。艾略特进一步指出，这种变异顶与常规顶会交替出现，如图 2–45 所示。

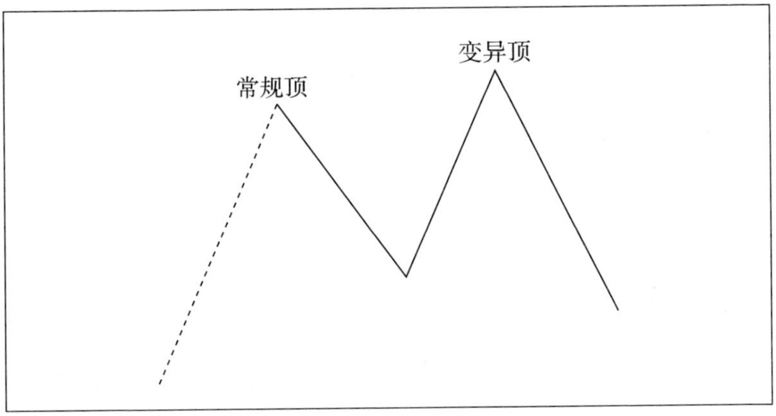


图 2-45　变异顶与常规顶

如图 2-46 所示，第 5 浪的浪尖是常规的市场顶部。从数字 5 那一点开始的第一轮下挫运动由三个波浪组成，这段行情用字母 A 表示。接下来的反弹运动，市场超过了数字 5 代表的顶部，这一段行情用字母 B 表示。和 A 浪相似，B 浪也由三个波浪组成。接下来的市场运动走出了五个下跌浪，这段行情用字母 C 表示。

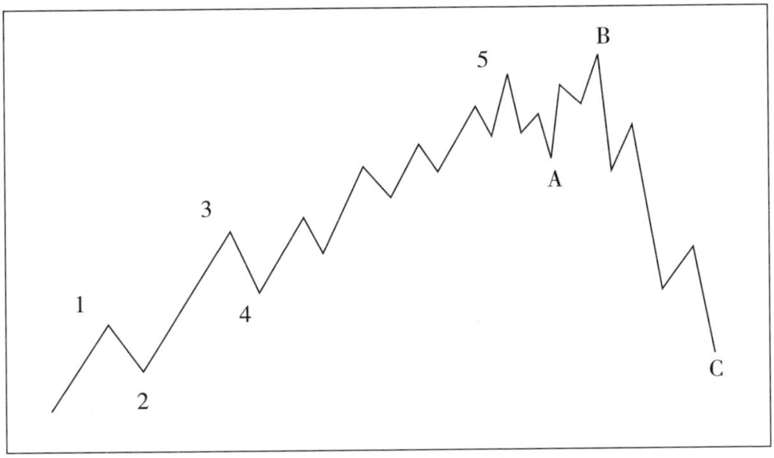


图 2-46　变异顶

至今，关于变异顶还存在着巨大的争议。当代艾略特波浪理论权威普莱切特认为，这是艾略特所犯的一个错误，原因是艾略特把原来在第 3 浪发生的延长错误地数为第 5 浪延长。这样一来，在数完波浪之后，在顶部仍留下多余的一波，于是艾略特进行了处理，提出变异顶形态。普莱切特还指出，主要是 1920 年和 1930 年两次令人印象深刻的第 5 浪延长，影响了艾略特的正确思考。

## 二、变异调整

为了把延长的第 3 浪变成延长的第 5 浪，艾略特又发明了“变异调整”这个概念。对这一类型的结构，艾略特指出：作为锯齿形态，b 浪未及 a 浪的启动位置；而作为奔走型调整，c 浪结束于 a 浪终点位置的上方。艾略特本人经常在第 2 浪的位置坚持这种划分方法，如图 2-47 左图所示。

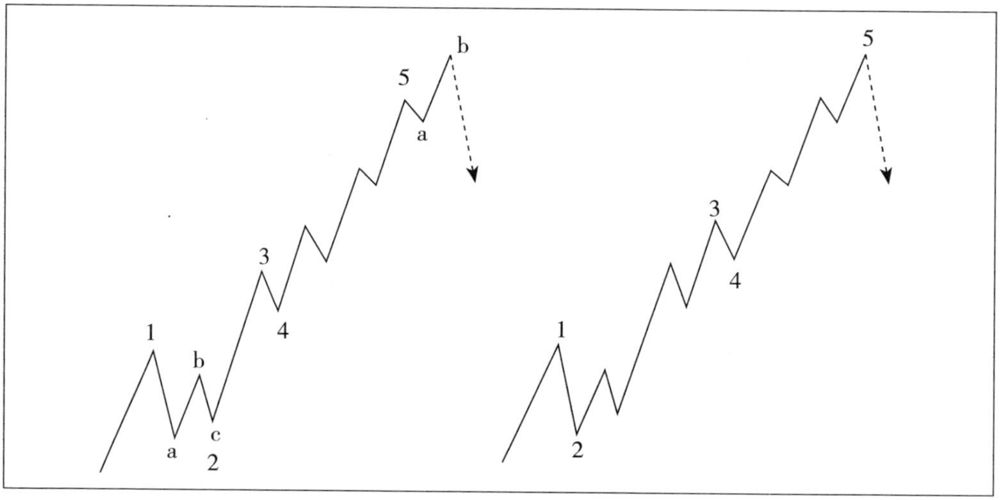


**图 2-47　变异调整**

普莱切特同样认为，变异调整由于是伴随变异顶形态出现的调整类型，所以也不能成立。理由是这两种特殊类型的调整源于同一种观点，即没能看到延长其实发生在第 3 浪上。普莱切特指出，如果将变异调整之 a-b-c 错误地算作第 2 浪，最后就必然出现一个变异顶。

但从普莱切特提供的“正确”数浪中发现，虽然视第 3 浪发生了延长，可以排除多余的一波——变异顶，但第 5 浪仍呈现延长，如图 2–47 右图所示。这不符合推动浪中有且只有一个浪出现延长的原则。反过来看，如果视第 5 浪根本没有发生延长，那么第 4 浪对第 3 浪延长的调整不仅显得十分无力，而且第 5 浪之后的调整又过于强悍。

有鉴于此，笔者认为，艾略特与其嫡传人普莱切特到底孰是孰非，尚待更多实践论证。

根据艾略特提出的变异顶及变异调整设想，海康威视（002415）2020 年 3 月到 2022 年 4 月日 K 线图的数浪方式如图 2–48 所示。

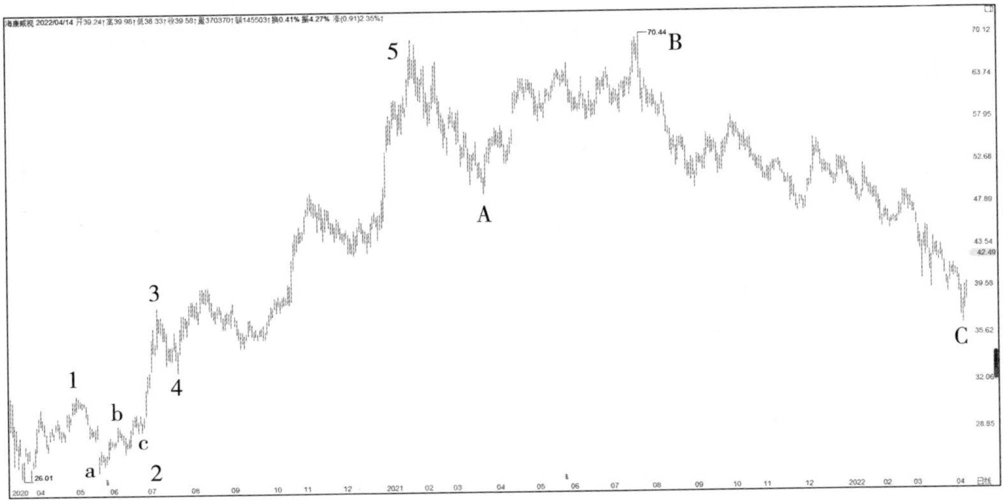


**图 2–48　海康威视（002415）2020 年 3 月—2022 年 4 月的日 K 线图**

同一时间段内，根据普莱切特提出的第 3 浪延长设想，海康威视（002415）2020 年 3 月到 2022 年 4 月日 K 线图的数浪方式如图 2–49 所示。

## 三、变异底形态

在《自然法则》一书中，艾略特曾两次提到一种变异底形态，意思是指在通常五浪结构的推动浪中出现的三浪结构，一般在底部出现，也就是无法数成五浪结构的不规则驱动浪的子浪 1 和子浪 2。

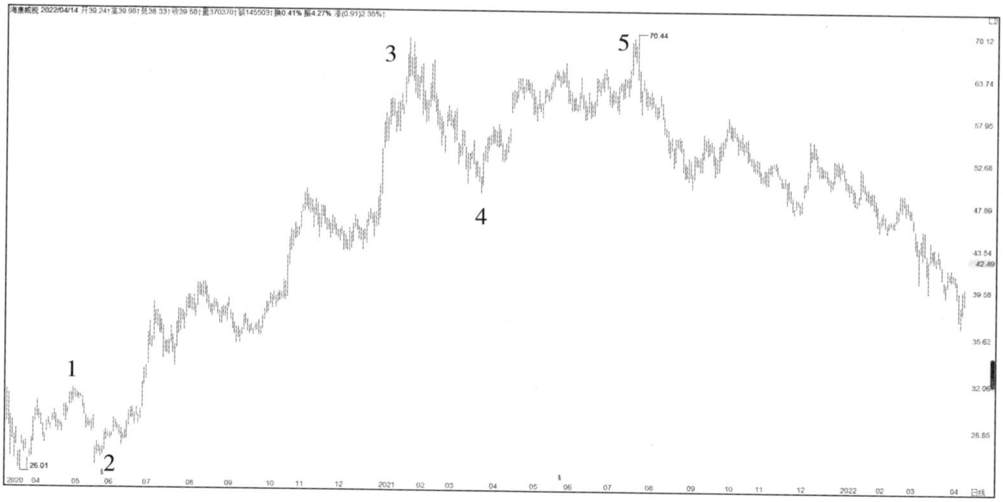


图 2-49　海康威视（002415）2020 年 3 月—2022 年 4 月的日 K 线图

变异底的识别：A 浪三波，B 浪三波，C 浪走势强劲，幅度超过 A 浪幅度的 1.618 甚至 2.618 倍。随后出现第 4 浪和第 5 浪，最终整体上形成了推动五浪结构。此时可将 a 浪看成第 1 浪，b 浪看成第 2 浪，c 浪看成第 3 浪，a 浪（第 1 浪）和 b 浪（第 2 浪）形成的底部即变异底形态。此时驱动浪的总体结构为 3-3-5-3-5，如图 2-50 所示。

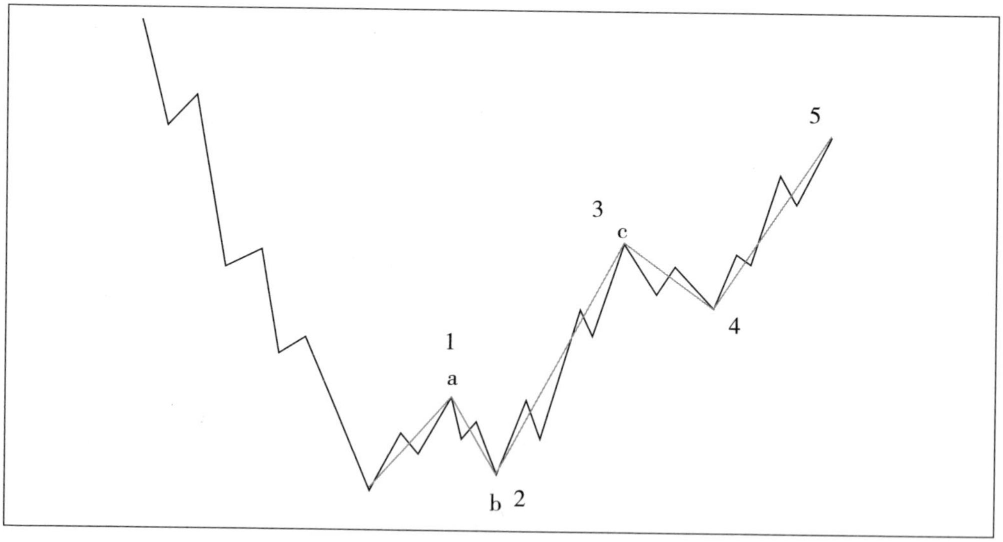


图 2-50　变异底

这种形态极为特殊，艾略特称其为 A–B 底形态。但目前这种形态在何种条件下出现仍不十分清楚。反对者认为，如果变异底形态成立，将会动摇整个艾略特波浪理论的基础。

## 四、半月形态

在《自然法则》中，艾略特曾提到一种“半月形态”。在笔者看来，其实这并不是什么额外的形态，而是对熊市中的下跌如何从缓慢起步到加速并在恐慌中结束的描述性词汇。这种形态经常出现在对数坐标的下跌趋势中，以及普通坐标下多年的上升趋势中。

## 五、小结

艾略特本人提出的上述变异形态，至今仍在波浪理论界存在很大的争议。

事实上，艾略特是在某些特定环境下为了方便数浪发明了变异形态的概念，但根据波浪理论的各项规则，没有哪个分析人员会接受它。实际上，某些变异形态如果存在的话，就会动摇整个波浪理论的根基。

实际上，笔者从未在市场上见过所谓的变异底形态，而且实际上它也不可能存在。艾略特发明这个概念只能表明，艾略特也是人，他暴露出了一般分析人员身上的致命弱点——客观分析被其他因素所左右。

另外，本书介绍的所有波浪形态只适用于自由定价的市场，而不是缺乏自由定价的市场。如果市场定价被法令控制，如 20 世纪中叶的黄金和白银市场，波浪形态分析的功效将大打折扣。从长期来看，市场总是要摆脱法令的束缚，而且法令也只有在市场状态容许的情况下才能执行。本书中所有的规则和指导方针，都假定价格记录是准确并且是自由定价的。

至此，本书已经介绍了所有会在市场上出现的波浪形态。实践中，不会出现有别于本书描述的波浪形态。下一章将介绍如何客观地数浪以及各个波浪的特性。

# 第三章 数浪方法

# 第一节 波浪准则

任何事物的发展都有其内在规律可循，波浪理论本身揭示的就是股市的内在运行规律，由其内在运行规律而制定的波浪准则，在波浪理论中占据主导地位，也是波浪理论具有强大实战能力的有力支撑。

艾略特在对波浪理论不断的发掘中总结了极少数的准则，实际上在运用波浪理论时，交易者有足够大的自由度，这其实表现出了波浪理论对市场的敬畏。数浪正确与否，对成功运用波浪理论选择交易时机至关重要。在波浪数算过程中，如果交易者能够坚守这些准则，积极积累经验，可以说已经成功了一半。

应用艾略特波浪理论进行波浪数算的过程中，有以下几个判断准则。

## 一、交替

一旦众多交易者捕捉到市场习性，那么随之而来的市场将会彻底改变，这是市场的一条规律，即波浪的各种形态呈交替出现的倾向。比如，先平台形后锯齿形调整、先锯齿形后平台形调整、先简单型后复杂型调整以及先复杂型后简单型调整，等等。

第 2 浪和第 4 浪同为调整浪，对于一段走势而言，如果第 2 浪是一个简单的调整,应当期待第 4 浪是一个复杂的调整;如果第 2 浪是一个复杂的调整，则应当期待第 4 浪是一个简单的调整。第 2 浪与第 4 浪的交替准则如图 3-1 所示。

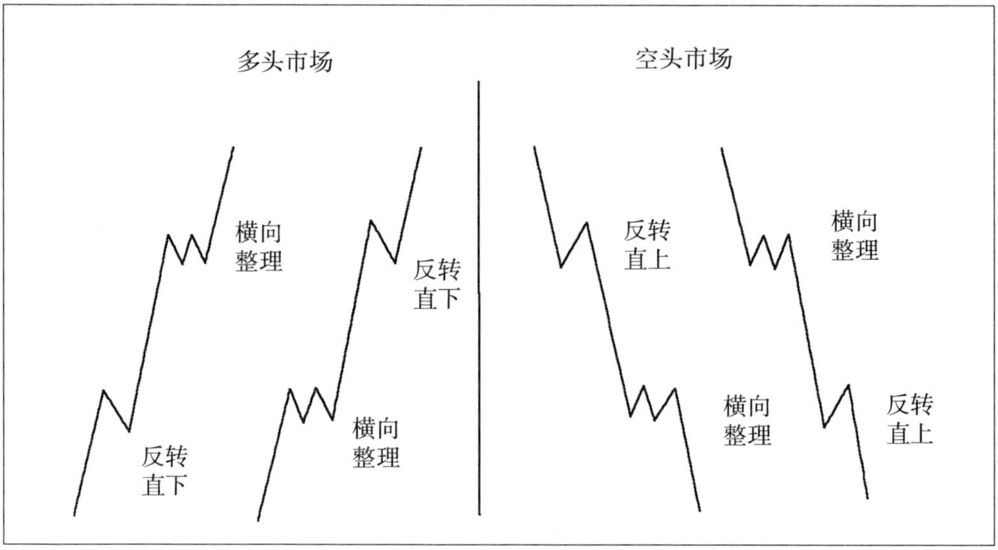


图 3-1　二四交替

本书前文介绍的调整形态，可将其划分为简单调整和复杂调整。简单调整的形式几乎都是锯齿形的，有时也可能是以锯齿形为前导的双三形态。复杂调整则为平台形、三角形及联合形。简单型与复杂型调整往往交替出现，如图 3-2 所示，第 2 浪为简单型，第 4 浪为三角形调整形态。

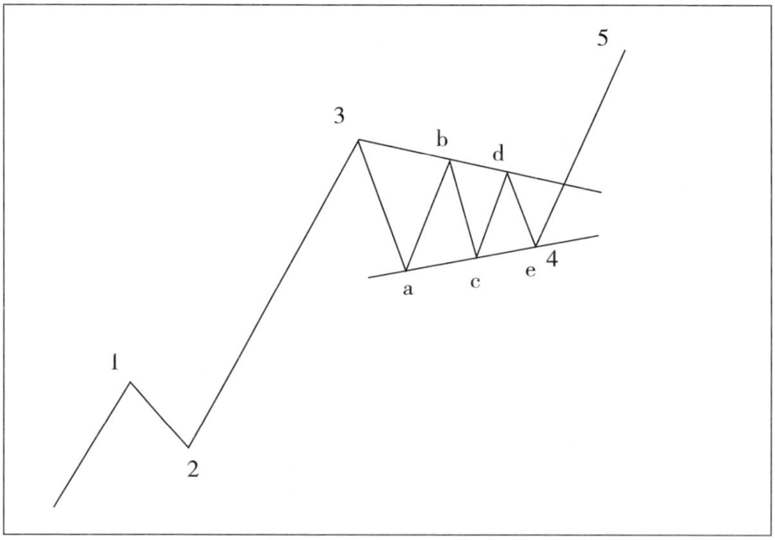


图 3-2　简繁交替

图3-3所示为三一重工（600031）2015年11月到2021年3月的周K线图。周线上始于2016年的上涨趋势中，其第2浪回调为简单型调整，第4浪回调则为三角形调整。

**图3-3　三一重工（600031）2015年11月—2021年3月的周K线图**

交替是市场中极其普遍的准则。市场历史常常重演，但往往以交替的形式出现。交替准则告诉大家，市场下一时刻发生的情况永远不会和现在的相同。

交替准则对于正确数浪和预测未来波浪的趋势是极其重要的，它最大的用处在于提醒交易者不要因为最近一次市场走势以某种形式出现，就假设将来也会如出一辙。这个准则与相反理论甚是合拍。相反理论认为，当大多数投资者都认为他们已经掌握了市场的某些习性时，往往也正是市场开始转变为另一种完全陌生事物的时候。交替准则虽然不能明确告诉大家什么是将要发生的，但它能告诉大家什么是不会出现的，从而有助于提高预测的准确性。

## 二、重叠

在一波五浪形态中，除楔形形态外，其余形态第4浪是第3浪大幅上涨后的回调，在此阶段，获得丰厚利润的交易者大都会套现离场，因此，第4

浪的回调也就具有很大的不确定性，但第 4 浪的底部不能跌破第 1 浪的顶部。

图 3-4 展示了两种形态，左边的一种是比较常见的第 4 浪回调位置，右边是在第 3 浪发生延长的情况下第 4 浪回调的幅度以及位置。

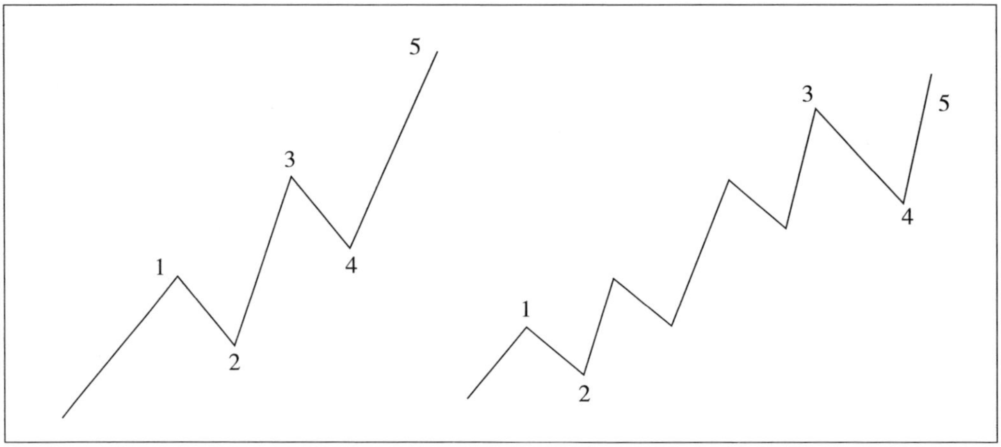


图 3-4　第 4 浪回调

另外，如果第 1 浪和第 4 浪出现重叠，那么基本上可以断定这种数浪方法是错误的，需另行数浪。如图 3-5 所示，左图第 4 浪与第 1 浪交叠，违反该准则，并且左图中的第 3 浪是推动浪中最短的，也违反了之后要介绍的幅度准则。正确的数浪方法应是把左图中的第 2 浪至第 4 浪看作扩散平台形修正浪，如右图所示。

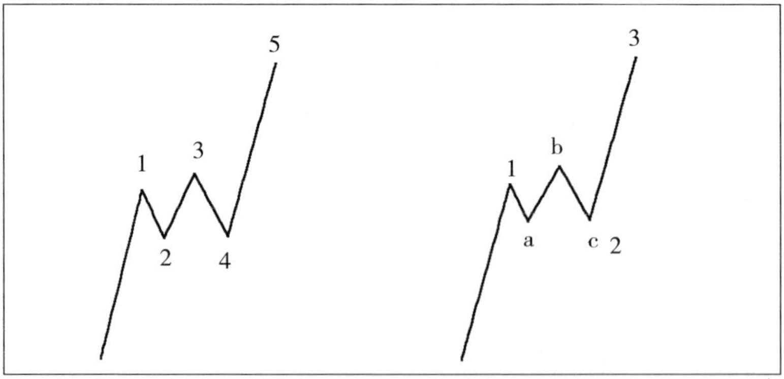


图 3-5　重叠准则

## 三、回调

（1）第 2 浪的回调幅度不会超过第 1 浪涨幅的 100%。从图 3-6 中可以看到，第 2 浪的回调幅度虽各不相同，但是，这些回调点都没有击破第 1 浪的底部。

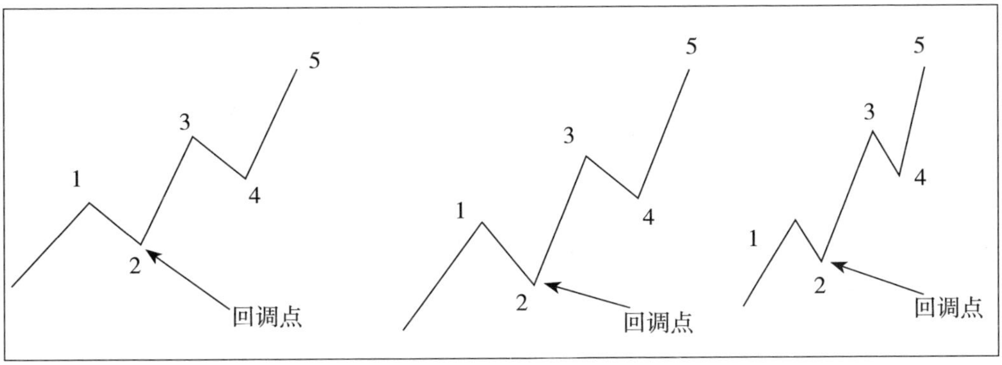


**图 3-6　第 2 浪回调点**

（2）第 4 浪最大调整结束的位置通常是第 3 浪中第 4 子浪调整结束的位置。

第 4 浪的回调准则有两个例外：一是当推动波为延长浪，而第 4 浪为平台形或三角形时，第 4 浪的深度往往无法到达其前一次级波第 4 波的区间，如图 3-7 所示；二是当第 4 浪为锯齿形时，该修正波往往会切得很深，插入第 3 浪中第 2 子浪的区间。

## 四、幅度

在一个五浪序列中，第 3 浪经常是三个推动浪中最长的浪，但绝对不会是最短的。在实际走势中，通常第 3 浪是最具有爆炸性的一浪，也经常会成为最长的一个浪。图 3-8 所示为第 3 浪迅速上攻的三种常见形态，其中第二种形态突破性最强，涨幅远远超过第 1 浪的上涨幅度。

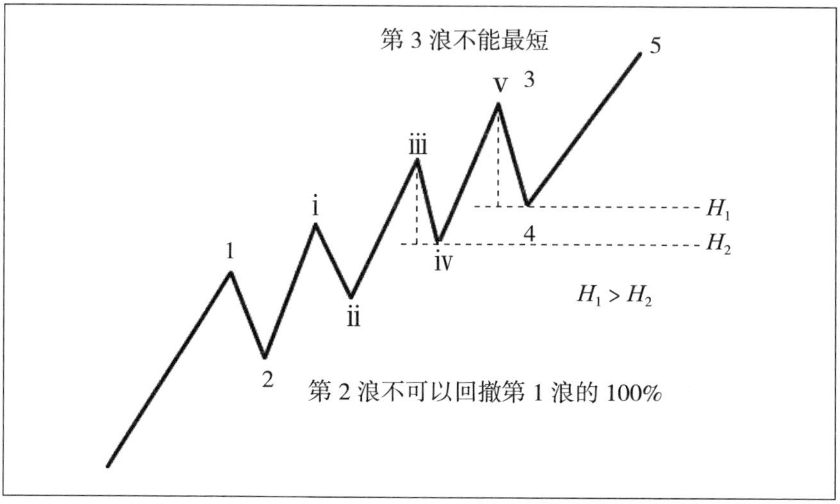


**图 3-7　回调准则**

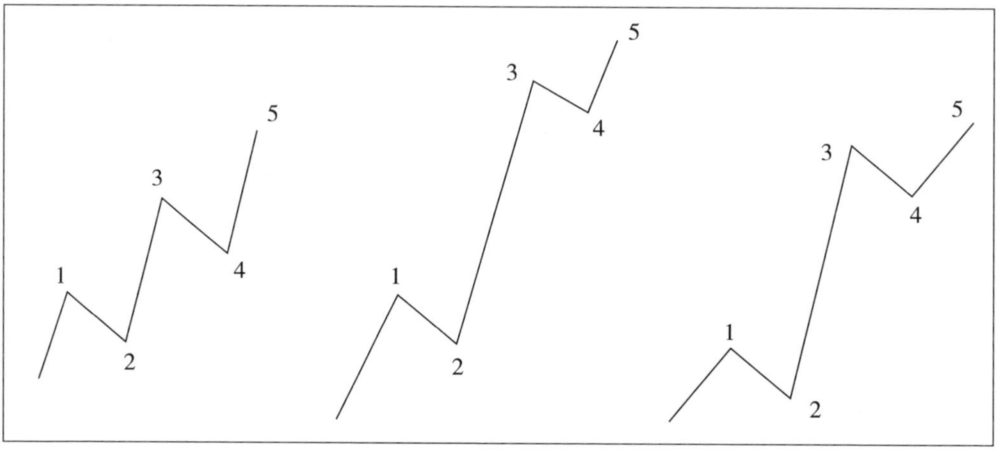


**图 3-8　幅度准则**

根据该准则，可以辨别出一些错误的波浪划分方法。如图 3-9 左图所示，第 3 浪是推动浪中幅度最小的，违反了该准则，因此，如图 3-9 右图所示，应将第 2 浪至第 4 浪看作奔走平台形修正浪。

图 3-10 中左图的错误数浪方式与图 3-9 左图相同，也可以把它改成右图的数浪模式，即把第 3 浪看作延长浪。由于延长浪经常发生在第 3 浪，因此，这种数浪方式的准确性更高一些，但在具体数浪时仍要保持谨慎。

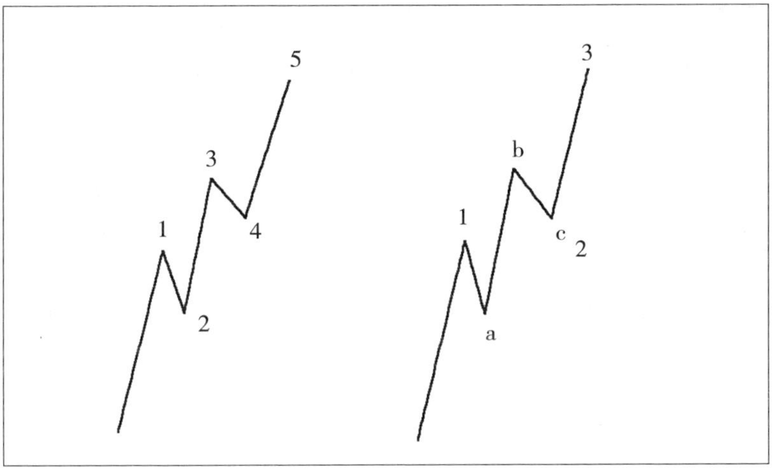


图 3-9　奔走平台形

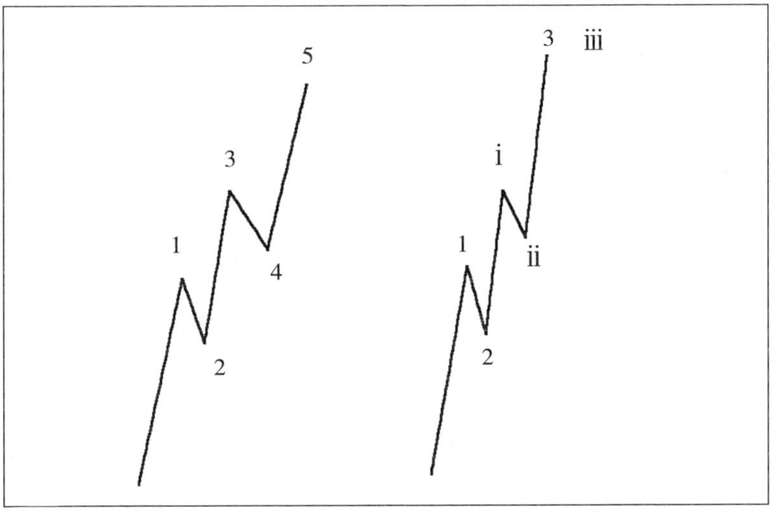


图 3-10　第 3 浪延长

## 五、等量

等量法则是指五浪行进中的推动浪会有两浪具有相等的时间和幅度。如果有一个推动浪是延长浪，特别是这个延长浪是第 3 浪时，其他两个非延长浪更具有这种等量性。即使无法百分之百相等，也极可能存在 0.618 的比例关系。

在计算波幅时，若层级属中型波以下层级的波，价格的等量性通常可以用绝对值来近似计算，而对于中型级别以上的波，则要以百分比来计算。这是因为价格的绝对水平对于交易者来说是没有多大意义的，他们关心的是升降的幅度。例如，同样是升跌 100 点，它发生在上证指数 5 000 点和 1 000 点时的含义就不一样。对于中型级以上的波来说，由于其覆盖的范围很大，因此要以百分比来计算。小型波覆盖范围较小，用百分比与绝对值计算的差异不大，因此，可以用绝对值粗略计算。

## 六、通道

艾略特借助平行的走势通道寻找波动点，并据以预测未来的可能走势。画出通道线至少需要三个参考点，因此可以在第 2 浪结束之后画出初始通道线。具体画法如下：在第 2 浪见底之后，把起点与“2”点连成一条直线，再通过“1”点画一条与之平行的直线，就形成了初始通道，如图 3-11 所示。

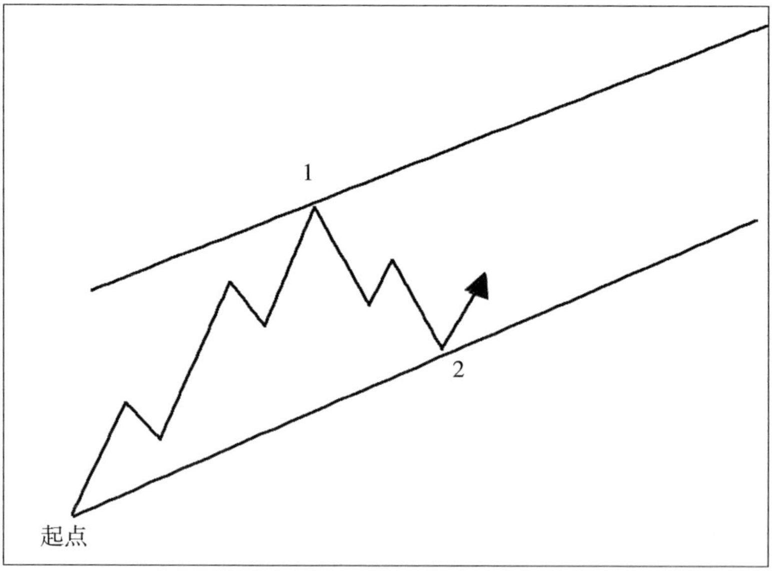


图 3-11　初始通道

初始通道画好后，就可以用来预测第 3 浪的高点了。如果第 3 浪的高点达不到或超过通道线的上轨，就表示通道的方向改变，需要重新绘制通道线。当第 3 浪顶点突破初始通道上轨时，需放弃起点，把“1”“3”点连成一条直线，再通过“2”点画一条与之平行的直线，形成新通道。根据经验，第 3 浪多半都会刺穿初始通道，使得起点最终都不是新通道线的接触点，如图 3-12 所示。

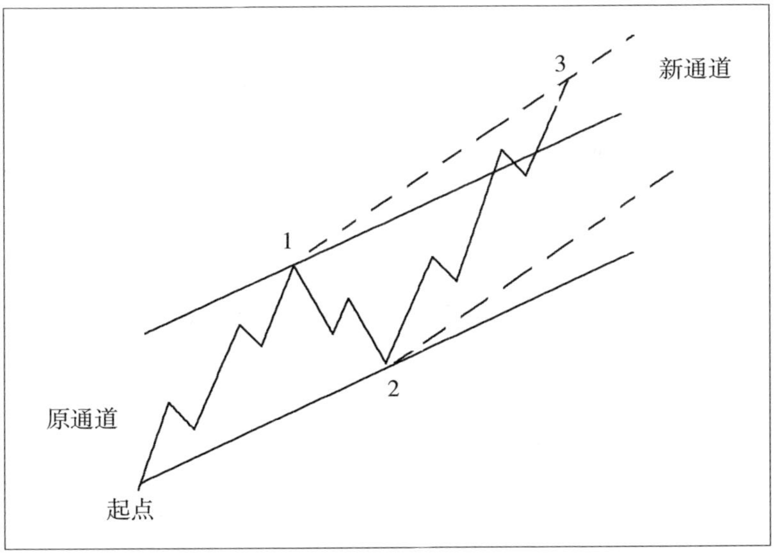


**图 3-12 修正后的通道**

依此类推，在第 4 浪结束后，可能还需要修改一次通道线。这样，第 2 浪和第 4 浪最低点的连线就成为最终通道的下轨。如果第 1 浪和第 3 浪是常态发展的，那么最准确的上轨就是触及第 3 浪顶点的线，如图 3-13 所示。

当五浪接近完成时，第 2 浪的结束点和第 4 浪的结束点所形成的平行通道较为可信，由未发生延长的第 3 浪顶点作通道上边界则更为可信。如果第 3 浪几乎垂直，那么触及第 3 浪浪顶的上轨也许就太高了，此时，触及第 1 浪浪顶的平行线就较准确。上轨对于预测第 5 浪顶点所处位置有相当重要的作用，此时，还要配合成交量方面进行考虑。当第 5 浪趋近上轨时，如果成交量递减，就表示此波的终点仅仅碰到甚至低于上轨。若成交量放大，就表示可能穿刺上轨，此时，第 5 浪中第 4 子浪可能就会贴近上平行线的下方横向游走，以便第 5 浪中第 5 子浪得以在成交量的配合下向上突破。

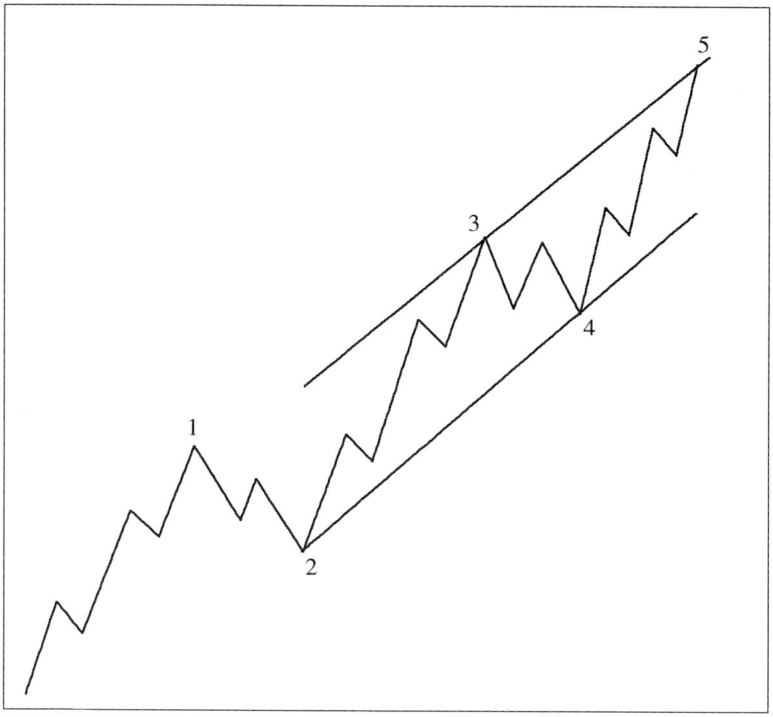


**图 3-13　最终通道**

当市场以一种均衡的速度推动时，就可以画出一组上升或下降的通道线，只要速度不变，价格就会在通道内按着趋势的既定方向不断运行。通道线可以帮人们更好地解读眼前趋势的级别、宽幅以及速度，在通道没有被破坏之前是不可能发生反转的，因此，当趋势出现时，投资者只要顺势而为就已足够。

图 3-14 所示为招商银行（600036）2013 年 9 月到 2016 年 1 月的周 K 线图。从 2014 年 3 月最低 7.07 元起涨，走出一波五浪上升行情，第 5 浪未能触碰通道三上轨便调头向下。在跌破通道三下轨后，上升趋势宣告完结。

**图 3-14 招商银行（600036）2013 年 9 月—2016 年 1 月周 K 线图**

## 七、小结

以上六个准则是运用波浪理论判断趋势的根本规则，通过上述准则，可以验证对波浪理论运用得是否正确。其中“第 3 浪幅度永远不是最小的一个驱动浪”“第 4 浪永远不会进入第 1 浪的价格范围”以及“第 2 浪永远不会超过第 1 浪的起点”这三个准则，是数浪时的铁律，交易者一定要把握好，实际运用中尤其重要。除了以上三个，其他准则并非是牢不可破的铁律，它们主要是帮助交易者更好地判断浪形，协助正确数浪。当多种数浪方式均符合数浪原则时，分析者需要配合其他工具加以排除。

# 第二节 波浪特性

波浪理论最忌讳的事就是在数浪时掺杂个人感情色彩，不按市场的客观情况计数。虽然波浪理论中的波形有些弹性，但弹性毕竟是有限度的，数浪时切不可为所欲为。一般来说，每个浪都有不同的表现和特性。

各种浪由于所处位置不同，其特性也存在差异。每一浪都有其自身的特性，都是反映交易者心理不可或缺的一部分。掌握这些规律，对实战中判断波浪属性极有帮助，有助于正确地对波浪进行数算。本节以多头市场为例，即以推动浪上行、修正浪下行的市场走势为例来说明波浪的特性。这些特性对于推动浪下行、修正浪上行的空头市场同样适用。

## 一、第1浪

几乎半数以上的第1浪属于营造底部形态的一部分，相当于形态理论中头肩底的底部或双底的右底。第1浪是循环的开始，由于这段行情的上升出现在空头市场长期下跌后，买方力量并不强大，加上空头继续存在卖压，因此，第1浪上升之后出现第2浪调整回落时，其回挡的幅度往往很深，如图3-15所示。

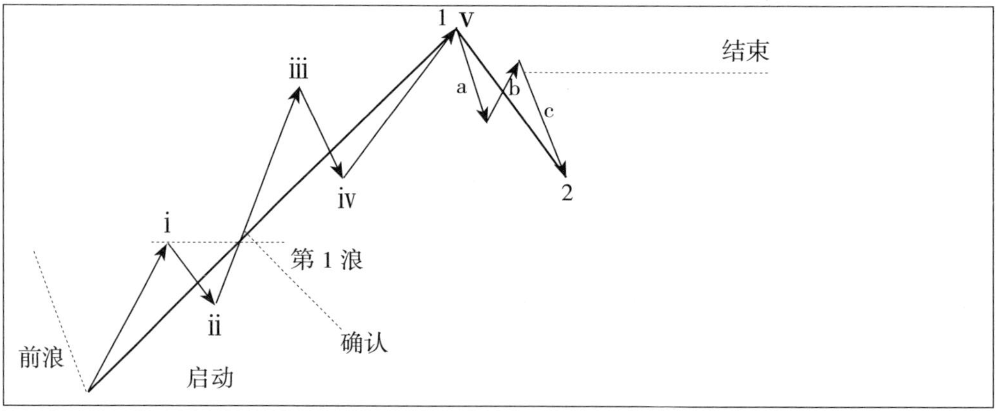


图3-15　内部结构

### （一）波浪特性

（1）第1浪的开始常意味着调整终结，是上升过程的开始，因此，一般处于市场的底部位置。由于上一周期中熊市的影响，第1浪的上扬往往被认为是不起眼的有限反弹，交易者对大势是否真正反转信心不够，以至于不少投资者仍旧利用这次“反弹”增加空头头寸。因此，第 1 浪持续的时间一般很短，上升的幅度也不大。从经验看来，第 1 浪的涨幅通常是五浪中最短的驱动浪。

（2）第 1 浪与空头市场里的反弹有明显的区别。空头市场里的反弹只是对前面下跌的修正，第 1 浪却并非如此，它在技术上较具建设性，成交量和市场宽度的增加都进行得相当巧妙。从波浪的划分上来说，一个完整的第 1 浪要经过 5 个子浪才会终止。

（3）根据历史经验，第 1 浪有 50% 的部分其实只是整个波浪的“地基”，因此，总会遭到第 2 浪严重的修正；另外 50% 的第 1 浪，有的紧接在强大的修正浪之后，有的在下跌失败形态中回升，有的从极度萎缩中上升，即使回跌也相当温和。

### （二）波浪识别

由于第 1 浪是在 C 浪终结以后展开的，因此确认 C 浪终结是了解第 1 浪是否即将或已经展开的基础。判断 C 浪是否终结，可以从几个方面来综合观察。

（1）形态：是否为抵抗型下跌。

（2）均线：均线是否黏合交织在一起。当价格上穿 60 日均线，并持续上行 15 天以上，就可把它视作第 1 浪的确认信号。

（3）目标：是否到达某重要的技术目标位（如黄金比率位）。

（4）关口：目前价位是否刚好位于某历史关口区域（如支撑阻力位）。

（5）量能：是否已持续萎缩到“芝麻量”的程度。

（6）换手：在“无人盈利”阶段，换手率是否超过了 200% 甚至更多。

### （三）波浪策略

（1）在 C 浪结束的信号陆续出现后，行情一旦突破最近的某一个局部高点，同时也突破了某一条重要的均线（比如 20 日均线）或某一条重要的压力线，这时第 1 浪就有可能已经展开了。

①当价格突破长均线时，不要急于追涨，等它回调到该均线时，如果短中期均线及时跟上，方可考虑买进，这叫“线上阴”买点。这种买点的成功率非常高，万一买错，价格跌破长期均线，必须在价格反弹至长期均线的第一时间抛出，这叫“线下阳”卖点，损失的是一次进出手续费而已。

②当价格突破长期均线（如 60 日均线）后，需满足其均线拐头带量上行的条件才可买入。若价格突破 60 日均线未能继续上行，而是拐头向下，则表明此次突破只是反弹行情，交易者应及时认清行情性质。

③底部价格向上突破长期均线前，下跌的幅度越大、时间越长越好，一旦突破，之后反转的可能性也将越大。

（2）背离判断整个调整浪结束。通常认为，只要指标在 C 浪中的第 5 子浪出现背离，价格反破通道线（或趋势线），基本就可以考虑进场了，但关键还是要从调整浪的具体形态结构去看。如整个调整浪为锯齿形时，通常此时 A 浪与 C 浪是相等的。言外之意，当两个波幅大致相等的时候，此时指标出现背离，C 浪中的第 5 子浪宣告完成，这个时候进场时机就会比较好。在两个波幅不相等的情况下指标出现背离，往往不一定是最佳入场点。如平台形调整、常规平台形调整的 A–B–C 浪大致相等，奔走型的 C 浪幅度低于 A 浪，扩散型则高于 A 浪。也就是说，这里 C 浪中的第 5 子浪有时候不是那么容易判断，一般而言，为了便于交易执行，可通过缩小周期来确认浪形起止点。

（3）是否介入以及介入到什么程度，要看可能的运行目标（即上升空间）大概有多少。这个问题比较复杂。关于第 1 浪的运行目标，所有波浪理论书籍都鲜有提及，笔者也只是在近 10 年的运用过程中捕捉到一鳞半爪的市场现象，还远不能作为理论或规律来应用。比如，将第 1 浪先看作 C 浪的调整浪来看待，那么可以按 C 浪跌幅的 0.382、0.5、0.618 来计算第 1 浪可能的上升目标。也可尝试利用通道线来计算目标位：价格在下降通道的边线处向上突破，通常将顺着突破方向达到与通道宽度相等的距离，此即为第 1 浪的量度目标位。当市场运行到目标位，且出现清晰可辨的五个子浪，如果回调后的反弹未能创出新高，则可确认第 1 浪结束。

（4）第 1 浪的到来是在前期杀伤力极强的 C 浪之后，也是在恐慌性下跌的末端出现的，此时，绝大多数交易者还意识不到反转的到来，市场双方分歧较大。如果交易者错过了最低点的买入机会，可以在第 1 浪的次级回调浪中逢低买入，如图 3-16 所示。

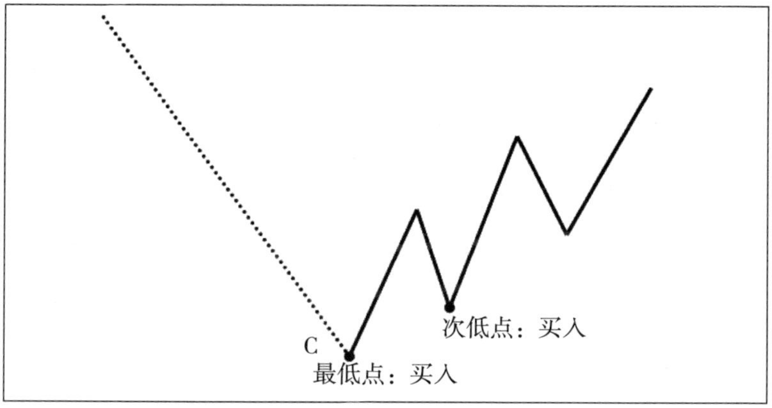


**图 3-16　二次买入点**

## 二、第 2 浪

第 2 浪将对第 1 浪进行大幅度修正，交易者在第 1 浪中的获利，大多又被第 2 浪卷回市场，市场将陷入一片恐慌之中。这时，交易者往往深信熊市又来了，因此沽盘很重。第 2 浪经常会把第 1 浪拉回一大段，此时低成交量与价格不稳表示卖压已渐干涸。道氏理论中提到的“买点”常常在此时出现，并且在第 2 浪低点处常常出现道氏理论提到的不确认现象（见图 1-8）。

### （一）波浪特性

（1）在此浪中经常出现形态理论中的转向形态，如头肩底、双底等。第 2 浪是对第 1 浪的调整，同时完成筑底的过程。由于升势尚未深入人心，一般情况下，第 2 浪调整的幅度较大，但不会创出新低，而会在底部形成 W 底或头肩底形态，同时成交量逐渐缩小，抛售压力逐渐衰退，以便为第 3 浪的大幅上涨创造条件。

（2）第 2 浪的调整幅度多为第 1 浪的 0.618 或 0.809。在弱势调整的第 2 浪中，其回调幅度可能仅仅达到第 1 浪幅度的 0.382 或 0.618，但很少会低于 0.382，唯一例外的是第 3 浪的子浪 2 幅度非常小，常在 0.382 以内。在某些情况下，第 2 浪的回调幅度会接近第 1 浪幅度的 100%。

（3）在第 2 浪回调结束时，指标系统经常出现超卖、背离等现象。

（4）第 2 浪并没有一成不变的原则，是否迅猛取决于它所处的整个波浪的位置。在锯齿形调整中，每一个五浪中都有一个子浪 2，属于调整浪一部分的第 2 浪不太可能像对一个大的反转趋势的第 1 浪进行调整的第 2 浪那么强势。

### （二）波浪识别

（1）指标：指标低位二次金叉。

（2）均线：当价格回调到 60 日均线并站稳后，可选择第 1 浪的上涨天数乘以 0.382 作为进场的参考时间；在弱势调整中，第 2 浪结束点的简易算法是，第 1 浪顶点价格减去起始点价格的 0.382 倍，然后加上起始点价格。如果第 2 浪结束点的参考价格与参考时间同时出现，则基本确认出现了第 2 浪的结束信号。

（3）形态：出现向上跳空缺口，K 线重心上移，形成双底、三重底或头肩底，K 线触碰多空线、通道线下轨或中轨。

（4）量能：成交量持续上升，第 2 浪形成底时，其左底量大于右底量，且两底相近。

## （三）波浪策略

（1）如果第 2 浪运行得极其纠结，且运行时间较长，则不宜随便入市抄底，要等到如下条件出现。

①均线组合由交织状态向多头排列演变。

②指标均突破多空线（如 MACD 上穿 0 轴）。

③成交量明显放大。

以上入场信号出现后才能开始建仓，而在放量突破第 1 浪顶部或某关键压力线以后，则可以加快建仓步伐。

（2）当第 1 浪以"拔地而起"之势展示出牛市色彩时，第 2 浪一般会以相对平缓的形态完成调整。从均线的角度而言，第 2 浪调整的目的仿佛是为了等待均线跟上第 1 浪的上升节奏。此时，当价格回落至 30 日均线时，一般就可以入市吸纳了。

（3）当行情进入上升通道后，只要 K 线在通道线下轨处出现双底、三重底或头肩底等形态，加仓点便出现了。反之，如果在通道线的上轨处出现双顶、三重顶或头肩顶等形态，减仓点便出现了。

（4）弱势调整及强势调整的第 2 浪的回调比例一般是第 1 浪的 0.382 或 0.618 倍，止损位设在第 1 浪的起点之下，因为第 2 浪不可以低于第 1 浪的起点。因此，第 2 浪的买入策略应将买入价放在第 1 浪回调的 0.382 处或者 0.618 处。如果第 2 浪的回调幅度较大，则买入价应放在第 1 浪回调的 0.809 处，如图 3-17 所示。

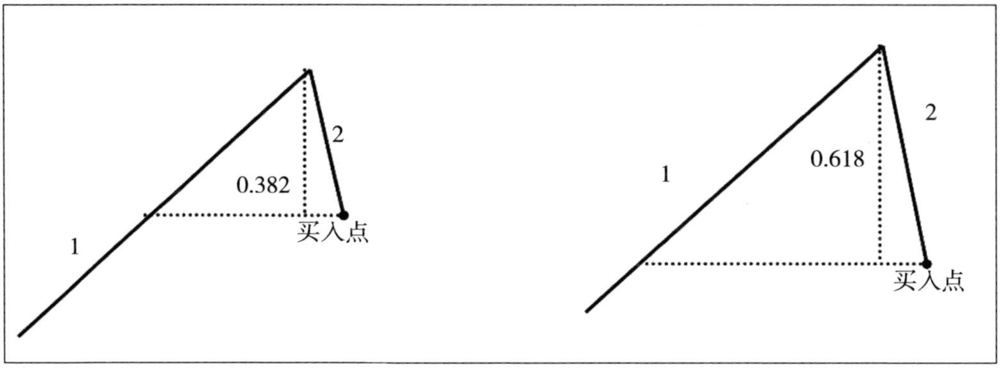


图 3-17　按幅度买入

（5）第 2 浪的子浪 c 和子浪 a 的长度通常大致相等，买入点应放在和 a 浪相等的位置。如果 c 浪回调或者第 2 浪回调的幅度很大，低于第 1 浪的最低点，则有可能是第 2 浪的分析出现错误，投资者应该出局观望，等待行情明朗之后再进入市场，如图 3-18 所示。

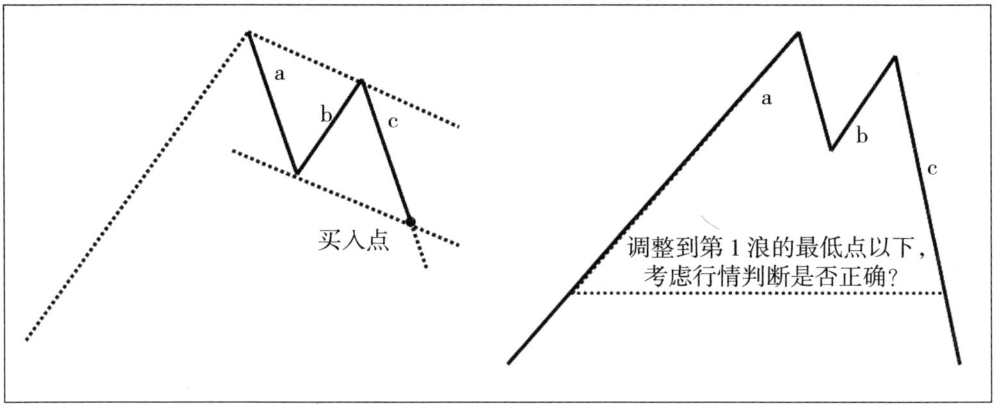


图 3-18　按等量性买入

## 三、第 3 浪

第 3 浪势头强，幅度大，趋势明确，是最有爆发力的上升浪。以上升趋势为例，在第 3 浪上涨的过程中，市场利好消息不断涌现。同时，市场情绪与第 1 浪和第 2 浪出现时相比，可谓是 180 度的大转弯，由心存犹疑到勇者无惧，由较为悲观变为极为乐观。众多在第 2 浪中没有入场以及在第 1 浪头部做空的交易者皆懊悔万分，一心等待价格回调再买入，但往往等不到这一天，直到等不了而在高位追涨为止，这一举动更加剧了第 3 浪的爆炸性。空头往往在第 3 浪涨超第 1 浪头部时止损出局，如图 3-19 所示。

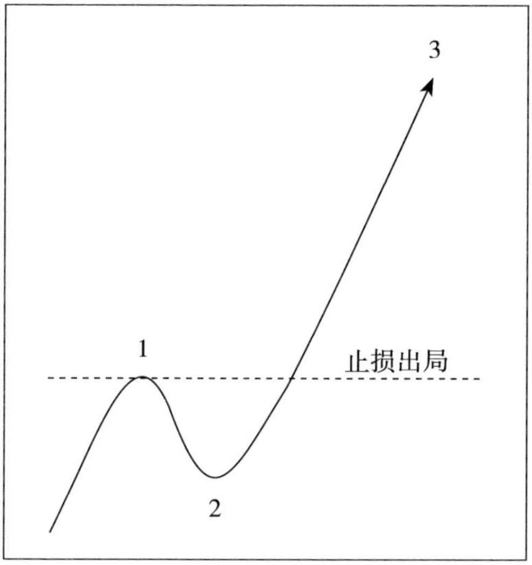


**图 3-19　第 3 浪**

图 3-20 所示为比特币 / 美元（BITSTAMP）2018 年 11 月到 2021 年 6 月的日 K 线图。在比特币的上涨过程中，第 3 浪内部又分为五个子浪，上涨速度越来越快，可以说比特币价格在 2020 年的第 3 浪走势非常具有代表性。

## （一）波浪特性

（1）一般来说，第 3 浪是最强的驱动浪，即使不是最强的，但也不会是最短的浪。注意，这并不意味着第 3 浪一定是最大的浪，而是在多数情况下，第 3 浪经常是升势中最强劲的一个上升浪。

（2）在成交量方面，成交量急剧放大，体现出具有上升潜力的量能。

**图 3-20 比特币 / 美元（BITSTAMP）2018 年 11 月—2021 年 6 月的日 K 线图**

（3）在图形上，常常会以势不可挡的跳空缺口向上突破，给人一种突破向上的强烈信号。第 3 浪往往以清晰的五浪“一波流”上涨，在此过程中，通常不会有其他特殊形态出现。此时唯一的操作原则是顺势而为，因为第 3 浪的升幅及时间经常会超出分析者的预测。

（4）由于第 3 浪涨势猛烈，大部分第 3 浪将演变为延长浪，成交量最大。第 3 浪如果运行时间较短，则升速通常较快。一般情况下，第 3 浪升幅至少为第 1 浪的 1.618 倍。如果第 3 浪升幅与第 1 浪等长，在这种情况下，第 5 浪便可能成为延长浪。

## （二）波浪识别

### 1. 指标识别

在对第 3 浪进行识别分析的时候，不仅可以依赖波浪特性，还可以利用技术指标来进行相关验证，比如用 MACD 指标。该指标可在第 3 浪与第 5 浪间以及调整 C 浪中进行辅助判定。第 3 浪的第 3 子浪的高点和第 3 浪高点、第 5 浪高点间形成两次连续顶背离，MACD 与波浪在主趋势中出现了这样的特征后，表明市场有展开回调的要求，此时可主动离场或高度警觉。

第 5 浪末端往往会出现动能指标背离，但第 3 浪终点常会得到动能指标的同步确认。如果第 3 浪结束而动能指标还没有确认，则有两种可能：一是此轮行情是 C 浪；二是此轮行情是一个更大级别的第 3 浪的第 1 子浪。如果动能指标与对应的这一轮波浪走势时间周期不相称，那么也可能出现确认失败。比如，不能用一个 21 天期的动能指标来作为一个 5 天期趋势的确认指标。

图 3-21 所示为中国平安（601318）2008 年 5 月到 2022 年 4 月的周 K 线图。MACD 在中国平安股价走势的第（3）浪的第 3 子浪出现同步确认，而在第（3）浪的第 5 子浪以及第 5 浪连续出现两次不确认现象，即背离现象。

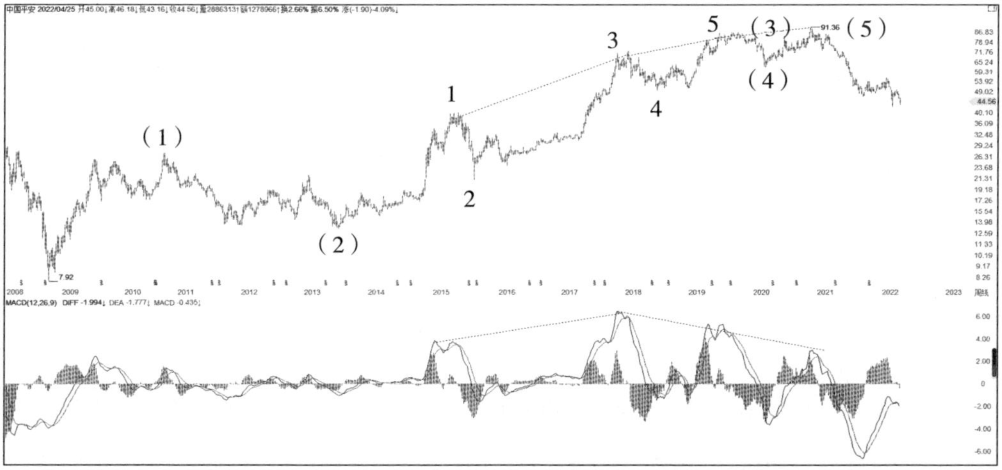


**图 3-21 中国平安（601318）2008 年 5 月—2022 年 4 月的周 K 线图**

### 2. 形态识别

圆弧底是很难与清晰的波浪理论挂上钩的反转形态。圆弧底的人气特征与第 1 浪非常相似，实际上，圆弧底中常常能辨认出细微的五浪上升形态。圆弧底最终的向上爆发与波浪理论第 3 浪的特征相符，之前的反复回调可看作爆发前的酝酿。此时，可借助圆弧底形态对第 3 浪进行辅助判定。

### （三）波浪策略

（1）一买。第 3 浪出现在第 2 浪末期，由于第 2 浪属于调整浪，第 3 浪最佳入场点就是在确认第 2 浪的下跌为非推动，a、b、c 三浪下跌完成后，价格放量反弹突破 a 浪低点时入场，或在第 3 浪上升至第 1 浪的顶点之前逢低买入，都可以划分为一买的范畴，如图 3-22 所示。

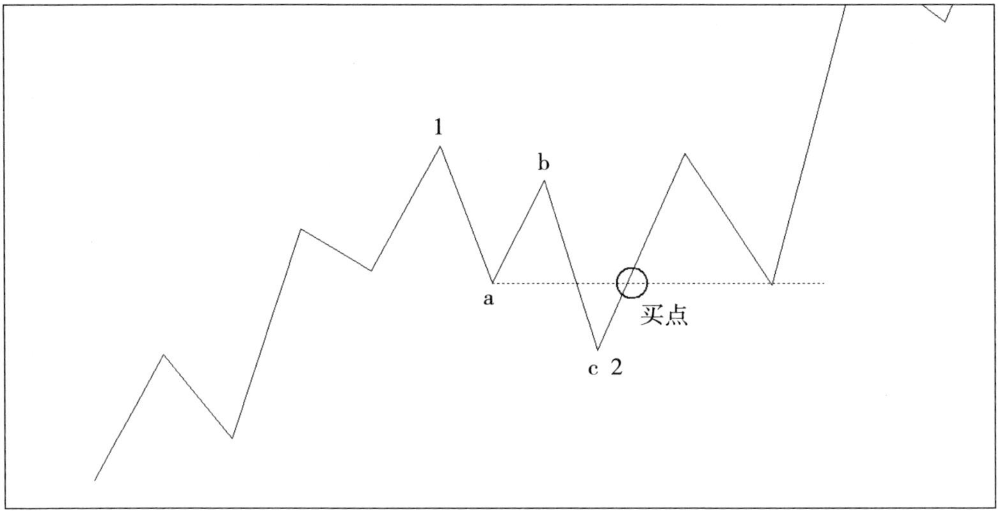


**图 3-22　一买**

从图 3-23 所示的上证指数（000001）2005 年 8 月到 2006 年 3 月的走势可以看到，在 2005—2007 年的特大牛市中，上证指数突破 a 浪底后，第 3 浪走势非常凌厉，“一波流”上涨没有多余形态，上升速度越来越快，成交量迅速放大。

（2）持有。“3 浪 3”是大家经常挂在嘴边的术语，意思是如果赶上这种行情，就跟买彩票中了头奖一样，剩下的只需要背钱的力气和数钱的耐心了。由于第 3 浪出现在多方力量强大、利好消息频现的市场环境下，因此，它的回调仅仅是由于价格频繁上涨之后的一个小幅调整，应该在此期间毫不犹豫地选择做多。总而言之，交易者需要及时识别并捕捉到“3 浪 3”，然后耐心持有。

**图 3-23　上证指数（000001）2005 年 8 月—2006 年 3 月的日 K 线图**

（3）二买。突破第 1 浪的高点是强烈的追买信号，此时虽然比一买价格略高，但最为稳妥。图 3-24 中的黑点处即为二买点位。

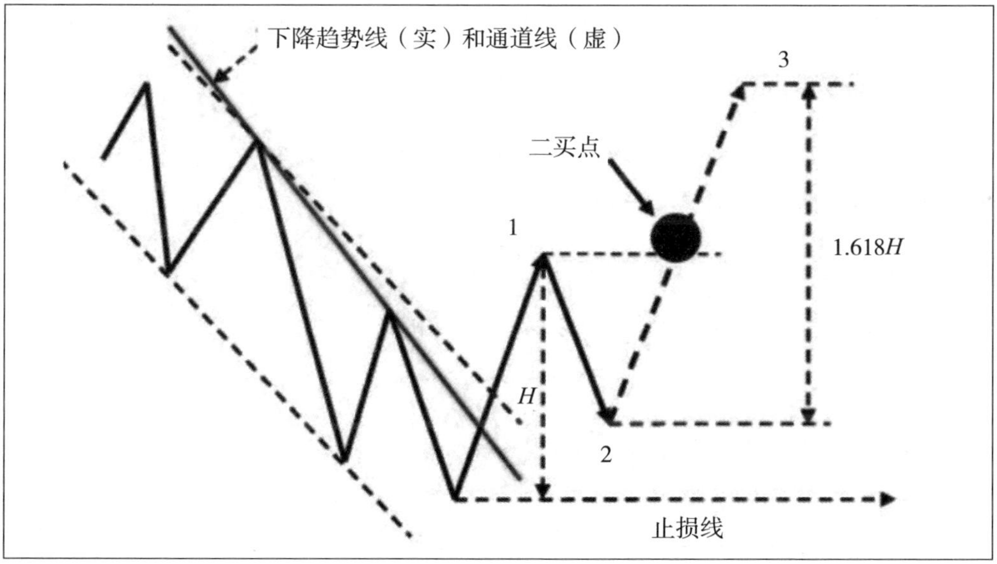


**图 3-24　二买**

（4）卖出。第 3 浪的价格涨幅一定不是最短的，所以至少与第 1 浪的涨幅相等，通常情况下是第 1 浪的 1.618 倍或 2.618 倍，涨势非常迅猛时会达到第 1 浪的 4.236 倍。因此，投资者应该根据当时市场涨势情况做具体分析。

①若涨势相对较为平坦,则在价格高于第 1 浪的 1.618 倍时考虑部分卖出。

②若利好消息不断，可以考虑在价格高于第 1 浪的 2.618 倍之后再卖出。

③若价格涨到 4.236 倍，则应该卖出，等待第 4 浪回调时再买进，狙击第 5 浪。

## 四、第 4 浪

艾略特认为：一个运动之后必有相反运动发生。因此，经过第 1 浪、第 3 浪的大幅上扬之后，第 4 浪将对这轮升势展开整理，而且通常以较复杂的形态出现（如三角形）。第 4 浪往往是非常明显的调整浪，价格波动很小，成交量也远低于第 3 浪。通常第 4 浪会运行较长时间，但不会比前期推动浪持续的时间更长，其最显著的特征是很难数清细分浪。

经过第 3 浪的大涨后，一部分交易者对后市依然看好，而另一部分交易者则开始犹豫不决，之前疯狂的买气因此不复存在，行情随即陷入停滞，获利回吐情绪开始蔓延。在低点做多的交易者决定将利润兑现，这就引发了一次价格的有序回落，从而形成第 4 浪。如果说第 2 浪是一波凶恶的卖出，那么第 4 浪可以称得上是一次有序的获利回吐。

在第 4 浪的回吐过程中，大多数交易者仍然确信行情是向上发展的，之前未进场的交易者更认为这是一次买入的好机会。因此，在第 4 浪结束时，往往会有更多的买单开始介入，如图 3-25 所示。

### （一）波浪特性

（1）第 1 浪与第 4 浪绝对不能重叠。也就是说，第 3 浪的升幅大于第 2 浪的跌幅与第 4 浪的跌幅之和。通常来说，第 4 浪会回调第 3 浪幅度的 0.382 倍，但也有 0.236 和 0.618 倍的情况，0.618 倍一般出现在第 3 浪的第 5 子浪

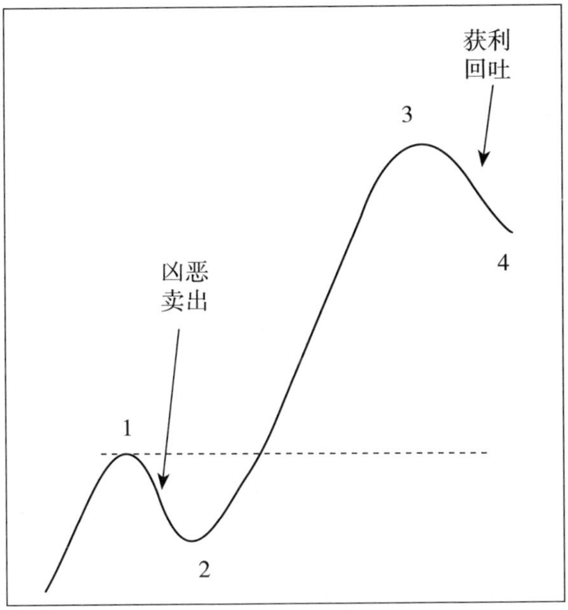


**图 3-25 第 4 浪**

延长的情况下。高一级的第 4 浪底部通常不会低于此前低一级第 4 浪的底部，第 4 浪通常在第 3 浪的第 4 子浪底部范围内结束，第 4 浪的低点经常是其后更大级数调整浪中 A 浪的低点。如果第 4 浪以平台形或锯齿形出现，第 4 浪中子浪 a 浪和 c 浪的幅度将会相同。有时，第 4 浪的幅度也会等于第 2 浪。

（2）第 4 浪的形态最为复杂多变，尤其以三角形调整较为多见。经过了第 3 浪的猛烈上升，第 4 浪会出现各种各样的调整形态。第 4 浪对今后五浪结构完成后出现的下调有很强的支撑作用。

（3）第 4 浪与第 2 浪存在交替倾向。第 4 浪和第 2 浪走势一般不会相似，但也并非一成不变。这里的“交替”有两层含义。

一是形态特征的交替。一轮快速深幅的锯齿形第 2 浪之后，一般不会再有另一轮快速深幅的锯齿形第 4 浪调整，此时第 4 浪更有可能呈平台形或三角形调整，反之亦然。

二是持续时间的交替。假如第 2 浪调整时间过长，则第 4 浪基本只会做短时间的调整，反之亦然。

### （二）波浪识别

在介绍第 4 浪的特性时，实际上已经介绍了如何识别第 4 浪，此处着重讲解如何识别第 4 浪回调与 A 浪下跌。

（1）第 4 浪为三浪或三角形结构，绝对不会是五浪结构（三角形除外），而 A 浪为三浪或五浪结构。

（2）第 4 浪通常在第 3 浪的第 4 子浪底部范围内结束。若目前的浪形为五浪结构，且接近此前第 3 浪的第 4 子浪的低点，说明为新下跌 A 浪而非第 4 浪。

（3）如果第 4 浪下跌超过第 3 浪的 50%，一般不是第 4 浪。此时若伴随着时间的加速（时间只用了第 3 浪的一半以内）及成交量大幅上升，更能确认其非第 4 浪。

（4）第 4 浪若走锯齿形，则第 4 浪中子浪 a 浪和 c 浪的幅度将会基本相同，如果 c 浪超过 a 浪太多，则为 A 浪。

（5）三角形一般出现在趋势结束前的最后一个调整浪里，不会出现在 A 浪中。

### （三）波浪策略

（1）客观判断此前是不是曾经有过一个主升浪，即第 3 浪。

（2）客观评价此前的第 2 浪属于“复杂”还是“简单”调整。

（3）计算出大概的调整日标。

（4）要等待中期均线跟上最近的价位。

（5）等待期间要注意调整的特征，以便感知后面可能出现的调整节奏。

（6）密切关注指标的底部背离情况。第 4 浪指标出现背离，往往预示着第 4 浪调整结束。

（7）资金可分 5 份介入，进入第 4 浪中子浪 c 浪时买 1 份，突破第 4 浪中子浪 a 浪时加买 1 份，其余 3 份灵活掌握。这样操作的好处是万一判断失误，止损时损失不大。

（8）对于某级别第 4 浪，可以通过威廉姆的第 4 浪穿轴法来确认其终点。具体方法为：从同一级别的第 1 浪起点开始算起，第 4 浪正好位于第 100 到 140 根 K 线之间，同时 MACD 指标的 DIFF 线穿越 0 轴，此时说明第 4 浪结束。

（9）在第 4 浪中一定不能逆大势操作，即趋势向上，第 4 浪调整时不能大仓位做空；趋势向下，第 4 浪调整时不能大仓位做多。

## 五、第 5 浪

第 5 浪一般没有第 3 浪那样让人印象深刻。在第 5 浪中，尽管市场价格已经运动迟缓，但交易者仍然极端乐观，高价追捧，价格较前一调整浪也确实有进一步推高。

第 5 浪是最为多变的，它既可能是延伸浪，也可能是失败形态，还可能是楔形形态。由于人们对第 3 浪仍记忆犹新，所以市场经过第 4 浪调整后，仍认为新一轮涨势又将开始，市场气氛相当乐观，买单开始再次介入，价格开始再次上升。但由于此时价格已高，走势容易受一些重大消息的影响而出现许多变异形态。

### （一）波浪特性

（1）除非发生延长的情况，否则第 5 浪的成交量及升幅均小于第 3 浪，且偶尔会失败。此时市场中充斥的都是利好消息，场内外一片喊涨之声，乐观情绪达到了顶峰。表现在股市中，则由先前的一类股（绩优股、蓝筹股、白马股）转变为题材股及垃圾股主导市场。

（2）在第 5 浪的末期，各种技术指标差不多都会发出背离信号，K 线形态开始走坏，拉升乏力，均线开始出现纠缠和死叉现象。在第 5 浪出现衰竭性上升的情况下，经常出现楔形形态，这时成交量与升幅也会出现背离情况。

（3）如果第 1 浪、第 3 浪等长，则第 5 浪经常出现延长。如果第 3 浪出现延长，则第 5 浪幅度与第 1 浪大致等长。

（4）第 5 浪出现延长或终结楔形时，反转时的 A 浪下跌将是非常迅猛的，一般会直接跌到第 5 浪中的第 2 子浪或同级第 4 浪底，时间空间到达后又迅速垂直反弹形成 B 浪。此时的 B 浪大部分不会超过 A 浪的起点，时间空间一旦到位，C 浪大跌便出现了。

### （二）波浪关系

第 5 浪的运行结果与第 3 浪运行的完美程度以及第 4 浪的调整程度有很大的关联。

（1）第 5 浪小于第 1 浪。当第 3 浪走得非常成功时，则第 5 浪可能走得相对较平缓，在形态上一般会表现为终结楔形。第 5 浪中的第 5 子浪经常呈现楔形结构。

（2）第 5 浪等于第 1 浪。当第 3 浪的走势比较成功，且第 4 浪的调整稍欠充分时，第 5 浪的规模将和同级别的第 1 浪大致相仿。

（3）第 5 浪大于第 3 浪。当第 3 浪运行得差强人意，第 4 浪却走得比较成功时，第 5 浪一般会取代第 3 浪的地位。如果第 1 浪和第 3 浪的幅度接近，那么第 5 浪有可能达到第 1 浪幅度的 1.618 倍甚至更高。

### （三）失败第 5 浪

（1）盘子较大的股票有时在第 3 浪达到高点后便开始裹足不前，因为只有第 3 浪那种强势行情才能使之启动。这种衰退现象往往预示着后市的疲软，同时也是造成第 5 浪失败的原因之一。

（2）第 5 浪失败时，大多不超过第 3 浪顶点，一般为第 3 浪的 0.618 倍。只要第 5 浪的高点高于第 3 浪的高点，就不是失败浪。

（3）在一个不规则的第 4 浪中，第 5 浪并不需要突破前面的极限点。如一轮牛市中，一个不规则的第 4 浪将突破第 3 浪的高点，第 5 浪高点尽管一般会超过第 4 浪高点，但只需超过第 3 浪高点就是成功的第 5 浪。即第 5 浪若只超过第 3 浪高点而未超过不规则第 4 浪的高点，也不算失败的第 5 浪。

（4）失败的第 5 浪永远不会出现在主趋势末端以外的地方，它不会是第 1 浪中的第 5 子浪或第 3 浪中的第 5 子浪，因为失败的第 5 浪表明趋势结束，而第 1 浪和第 3 浪仍处于趋势的早期及中期阶段。

（5）失败的第 5 浪在小周期中易出现，在大周期里不易出现。

（6）当第 4 浪调整的时间太长或幅度太深时，一般会出现失败的第 5 浪。

（7）失败的第 5 浪，运行时间至少是第 4 浪时间的 2 倍。

### （四）波浪策略

客观判断此前是不是出现过一个第 3 浪，然后再客观评价此前的第 4 浪是否已经结束。根据第 3 浪及第 4 浪的特点来研判第 5 浪的力度，究竟是强势第 5 浪还是弱势第 5 浪。

第 5 浪在经历了第 1 浪和第 3 浪的上涨之后，强劲上涨的动能不足，因此，第 5 浪的主基调是卖出。第 5 浪往往会有衰竭缺口出现，并且缺口会在短期内回补，同时伴随着价升量减的量价背离及指标背离现象，这基本上是第 5 浪见顶的有力证据。一旦发现这种情况，应立即卖出。

不要试图在第 5 浪中的第 5 子浪才考虑出货，因为无法保证数浪百分之百正确。因此，当第 5 浪一创新高，就要开始密切关注：一旦出现拉升乏力、

K 线走坏（比如出现“乌云盖顶”“看跌吞没”“岛形反转”“向上空跳”之类的 K 线形态）、均线死叉等具体特征，就要随时准备出货。具体卖出时机如下。

（1）可将止蚀盘（止盈）放在第 1 浪至第 3 浪上升幅度的 70% 处。

（2）第 5 浪运行幅度一般小于第 3 浪，因此如果幅度大于第 3 浪，应该择机卖出。

（3）第 5 浪通常与第 1 浪的幅度相等，所以可将止蚀盘（止盈）放在第 1 浪相等幅度的位置。

（4）止蚀盘的摆放位置为：第 1 浪的升幅乘以 2 再乘以 1.618，然后加上第 1 浪的高点；或者第 1 浪的升幅乘以 2 再乘以 1.618，然后再加上第 2 浪的低点。

## 六、A 浪

A 浪与第 1 浪类似，都位于趋势的开始。第 5 浪中极度乐观的市场情绪吸引了大量投机盘，尽管价格仍然攀升，但是因为主力资金在这一阶段开始变得谨慎，缺乏大资金介入，成交量开始下滑，量价开始背离；此外，一些技术指标也出现顶背离现象。早前低位买入的主力资金开始分批出场，价格开始逐步回撤，有时回撤速度还会非常快，短期调整幅度也会很大。但市场多数人士认为市势仍未逆转，只将其视为一个短暂的调整。

### （一）波浪特性

（1）A 浪通常为第 5 浪幅度的 0.382、0.5 或 0.618 倍。

（2）A 浪可以为三浪或者五浪结构。当 A 浪以三浪结构结束调整时，市场经常会认为整个调整已经结束。

### （二）波浪识别

（1）交替规则。A 浪和 C 浪的走势经常相反。当 A 浪表现得极其凶悍（一口气跌破第 5 浪的起点）时，C 浪经常走出失败形态（即 C 浪小于 A 浪，一些双顶就是这样产生的），而当 A 浪跌势较缓且 B 浪也表现得步履蹒跚时，C 浪则经常呈延伸状态。

（2）幅度比率。A 浪与 C 浪之间的关系可以是 A 浪的幅度等于 C 浪的幅度，也可以是 C 浪的幅度是 A 浪幅度的 1.618 倍，或是 0.618 倍。当 C 浪与 A 浪幅度相等时，称为“平势调整”；当 C 浪幅度是 A 浪幅度的 0.618 倍时，称为“失败的 C 浪”。

（3）量度目标。A 浪经常极具杀伤力，容易持续下跌而且几乎不发生反弹，A 浪的跌幅有时会达到整个五浪升幅的一半；当成交量在前期上升趋势中已开始下降，现在随着价格下跌却放大时，就可以认为一个更大级别的调整趋势正在形成。此时可尝试用通道突破计算 A 浪的可能目标：价格在通道的边线突破后，通常将顺着突破方向达到与通道宽度相等的距离。

### （三）波浪策略

（1）A 浪是推动浪结束之后的第一个调整浪，因此，它的回调价位和回调时间相对比较多变，如果确认市场已经开始下行，此时最好的策略是将手中的多头头寸及时出清，而后持币耐心观察后续的市场走势。

（2）在 A 浪低点逢低吸纳搏击 B 浪反弹的风险极大，不建议在特别小的周期内进行操作。

## 七、B 浪

一般而言，B 浪是种假象，是多头最后的逃命机会。然而，由于 B 浪是一段上升行情，很容易让交易者误以为是另一段升势，从而形成“多头陷阱”，常常令交易者进退维谷。B 浪经常出现道氏理论中的不确认现象，这表明技术方面已不属强势，随时都有可能将市场卷入 C 浪的杀跌中去。如果交易者此时产生对市场运动异样的质疑，也许这正是空仓的好时机。另外，在 X 浪和扩散三角形的 d 浪中也有相似特性。

图 3-26 所示为上证指数（000001）2014 年 11 月到 2019 年 4 月的月 K 线图。图中上证指数 2016 年 1 月到 2018 年 1 月的 B 浪反弹，令无数交易者深陷牛市陷阱而无法自拔，最终大 C 浪杀跌时，市况极为惨烈。

**图 3-26　上证指数（000001）2014 年 11 月—2019 年 4 月的月 K 线图**

## （一）波浪特性

（1）成交量。通常中型或更低级别的 B 浪会出现成交量减少的情况，而基本级或更高级的 B 浪则可能伴随着成交量的增加，甚至高于前面牛市的成交量，表明市场正在更大范围内吸引资金投入。

图 3-27 所示为招商银行 2005 年 11 月到 2015 年 1 月的月 K 线图。b 浪反弹时的成交量明显高于牛市的成交量。

**图 3-27　招商银行（600036）2005 年 11 月—2015 年 1 月的月 K 线图**

（2）多头陷阱。之所以将 B 浪称为“多头陷阱”，不仅针对 B 浪的升幅而言，更是因为交易者在 A 浪终于走完后，误以为整个熊市已经结束了，从而对 B 浪产生了错误预期——以为是新一轮升势的展开。另外，由于 B 浪经常持续时间较长，久而久之，交易者就容易产生行情的上涨趋势并没有结束这个想法。

（3）力度。B 浪的运行十分复杂，其有可能以报复性反弹的方式展开，此时的 B 浪显得极其凶悍、凌厉；也有可能以接近 45 度角的形态呈“通道式”上升——这也是典型的旗形反弹。

（4）幅度。B 浪要么是三浪结构（包括锯齿形和平台形），要么是三角形形态。在判断 B 浪的折返幅度时，当 A 浪以五浪运行的时候，则 A、B、C 将为锯齿形调整，B 浪不太可能创出新高，通常折返 A 浪幅度的 0.5 至 0.618 倍。

值得一提的是，当 A 浪的调整幅度很大，如 B 浪反弹至 A 浪的 0.5 处时出现横盘，随后向下突破，很容易让交易者误以为此处为 C 浪的开始，此时一定要关注 B 浪的调整时间。如果时间太短，极有可能向下突破后不久再向上走，以完成锯齿形调整的第 3 浪，一般向下突破的幅度为 B 浪中子浪 a 的 0.618 倍。

向上运行突破前期下破位的 0.618 倍，则可判定 B 浪中子浪 c 开始运行。

当 A 浪以三浪形态出现的时候，B 浪的走势通常较为强势，甚至可以超越 A 浪的起点，形态上出现平台形或三角形的概率很大，其折返幅度有以下几种可能。

①整个 A、B、C 调整呈三角形形态，那么 B 浪的折返幅度可能是 A 浪的 0.618 倍。

②整个 A、B、C 调整呈常规平台形，那么 B 浪的折返幅度将与 A 浪相当。

③整个 A、B、C 调整呈扩散平台形，那么 B 浪的折返幅度将超过 A 浪幅度的 100%。

### （二）波浪策略

A 浪的走势形态直接影响 B 浪的走势，故 A 浪的走势对于 B 浪的买卖策略至关重要。

（1）买入策略：在 A 浪结束时择机买入。此时大的升浪已经走完，可以以较轻的仓位去抢一下反弹，但切记要快进快出。这个时候的阳线一般比较长，但持续时间短（因为主力要引诱人们在高位接盘），此处比较适合短线高手操作！需要强调的是：B 浪可遇难求，它的产生极具偶然性，往往是主力为了自救而发动的上涨行情，任意一个高点都有可能结束整波反弹。正常情况下，投资者在判断 A 浪已经形成以后，即应清仓离场，不要指望 B 浪反弹时去解套；切不可在明知行情已经进入 A 浪的情况下却不及时止损，一味地等待 B 浪展开，解套退场。因为 A 浪经常极具杀伤力，A 浪运行过程中，经常持续下跌，几乎不发生反弹，其跌幅经常达到整个五浪升幅的一半。

（2）卖出策略：分为两种情形，如图 3-28 所示。

- A 浪以五浪的方式向下运行，则市场向下的趋势已经相对明朗，此时 B 浪的反弹动能不足。B 浪卖出价位相对较低，只要略有获利便可择机离场。

- 若 A 浪只以一个简单的浪级或者以三个更低一级的子浪向下运行，则市场走势还不明朗，因此 B 浪的反弹价位或将较高，此时获利空间较大，交易者可期待 B 浪高点或将高于 A 浪起点。

图 3-29 所示为天风证券（300075）2018 年 11 月到 2020 年 6 月的日 K 线图。从天风证券的股价走势图可以清楚地看到，有三个下跌走势的波浪，即 A 浪、B 浪和 C 浪。在这里 B 浪是最好的出逃机会，如果错过 B 浪的卖出机会，价格就会进入 C 浪的漫漫下跌走势中。

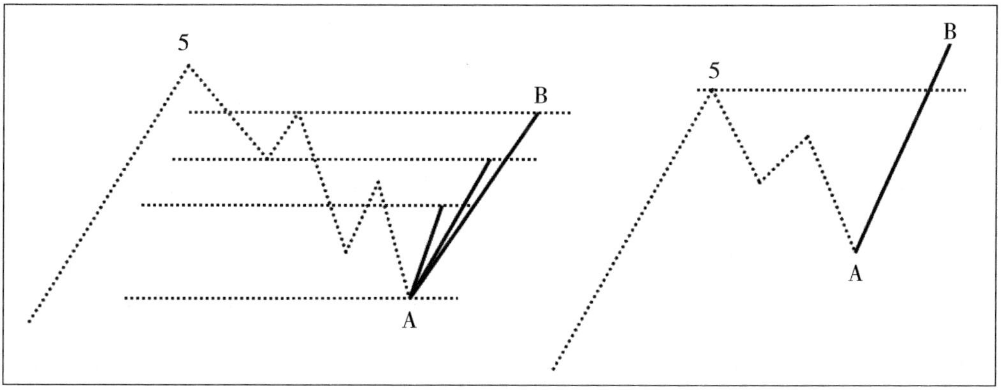


**图 3-28　B 浪的两种情形**

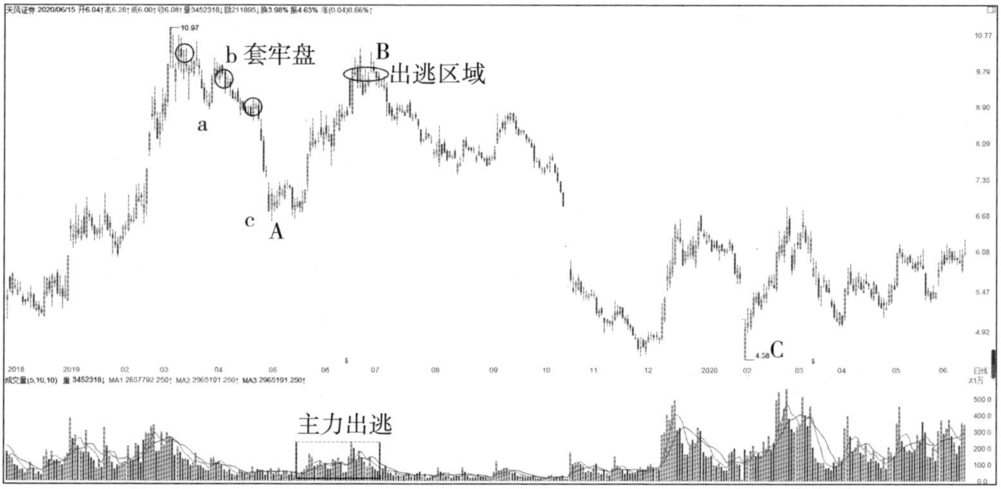


**图 3-29　天风证券（300075）2018 年 11 月—2020 年 6 月的日 K 线图**

图 3-29 中有三个存在套牢盘的地方。

①存在于 A 浪的顶部，是当时没有提前撤出的筹码区。

②在形成 A 浪的子浪 b 浪处，几根 K 线似乎预示着回调结束，部分投资者盲目入场，导致被套。

③ A 浪中子浪 c 的调整位置。

如果交易者未在 A 浪初期顺利出逃，后面只要抓住 B 浪反弹，那么将大大减少损失，甚至还会有所获利。但是必须掌握好出逃的时机，具体说就是及早判断 B 浪顶部的到来。在本例中，可以通过以下三点来判断。

①价格反弹接近前期顶点的成交密集区间。

② 2019 年 7 月 1 日收出流星线后，与前期 6 月 25 日的顶部构成小双顶形态。

③成交量在 B 浪顶部区域有所放大，这是有心人交出筹码，普通交易者入场接纳筹码的表现。

投资者必须在 B 浪的顶部区间出售手中的筹码，这样才能有效回避 C 浪出现的大幅度下跌。这里需要特别提醒交易者，B 浪反弹进入前期高价位区域，尤其需要高度重视，没来得及在 A 浪出逃的交易者，最好在此处落袋为安，这样就可以有效避免落入 C 浪泥淖的风险。

## 八、C 浪

波浪理论中，C 浪通常是毁灭性的，是一段破坏力极强的下跌浪。C 浪跌势极为强劲，跌幅极大，持续时间极久。基本面以及消息面的利空频繁在此阶段出现，利好消息往往成为出货的良机，市场人气涣散，资金不断抽离，所有股票呈现出全面下跌的态势。在这一波下跌过程中，似乎只有毁灭这一条路。

C 浪是调整浪的第 3 浪，具有诸多第 3 浪的特性。C 浪运行过程中，贯穿 A、

B 浪中的幻想一个个破灭，恐惧占领了市场，C 浪持续向纵深发展。交易者除了割肉外，别无他法。但物极必反，否极泰来。C 浪的出现，往往也预示着新的升浪即将来临。由于 C 浪具有很强的破坏性，在 C 浪末期，盘面气氛往往异常恐慌，大部分交易者在该阶段把肉割在了地板上。

### （一）波浪特性

（1）C 浪呈五浪运行。C 浪的出现，是调整浪进入尾声的表现。下跌浪杀伤力的强弱主要体现在 C 浪的表现中。C 浪跌势通常较为强劲，与第 3 浪的特性甚为相似，且跌幅大、持续时间长，价格全线下挫，甚至可能出现把第 1 浪到第 5 浪积累的升幅全部跌回的情况。

（2）与第 2 浪低点无法达到第 1 浪起点引发市场看涨情绪相反，B 浪未能达到预期，使多头放弃幻想，A 浪引发的看跌情绪在 C 浪得以延续。

（3）C 浪通常可以再划分为低一级的五浪，因此，C 浪也可看作顺流五浪、逆流三浪的“叛徒”。C 浪中的五浪代表整个调整市势走完全程，市势将会回头上升。

（4）当 A 浪极具爆炸性，即 A 浪以五个子浪的态势展开，且表现极其凶悍，一口气跌破第 5 浪的起点时，C 浪经常呈失败走势。

（5）当 A 浪跌势较缓，B 浪也表现得步履蹒跚时，C 浪则经常呈延伸走势。

（6）C 浪呈现延伸浪的时候，跌幅通常为 A 浪的 1.618 倍；但当其呈失败形态时，则可能为 A 浪的 0.618 倍。而在大 A、B、C 浪为平台调整时，C 浪则等于或略小于 A 浪。除去三角形外，在诸多情景下，C 浪的幅度至少要同 A 浪相等。

### （二）波浪识别

C 浪最难把握的是“何时结束”。人们经常会从一些蛛丝马迹中寻找“反转”的信号，比如“跌这么多了，总会有个反弹吧！”“跌这么久了，难道就不能有一次像样的反弹吗？”“指标都严重超卖了，应该会反弹了吧？”“现在已经没有任何人赚钱了，哪来的沽售压力呢？”“已经是地量了，不是说‘地量地价’吗？”等等。这些在平时行情里经常起到“转势”作用的信号，在C浪中显得无足轻重。

判断C浪终结与否，可以从以下几个方面来综合观察。

（1）形态：看形态有无抵抗性下跌的意味。

（2）均线：看均线组合有无交织黏合现象。

（3）目标：看是否已经到达某重要的技术目标位。

（4）关口：看目前价位是不是正好处于某历史关口一带。

（5）量能：看是不是已经持续萎缩到“惨不忍睹”的程度。

（6）换手：看“无人盈利”阶段的换手率是不是居然超过了200%甚至以上。

（7）指标：看动能指标（如MACD）是否出现底背离，最好是连续背离3次以上。

（8）幅度：当C浪的幅度超过A浪幅度的1.618倍时，便应重新考虑此时的“C浪”是否真是C浪，想想市场是否正在完成一个更大级别的浪中的第3子浪。如果C浪的幅度未达到A浪幅度的0.618倍，或许刚刚完成的这个五浪循环只是C浪的第1子浪，抑或是前面的子浪可能是三浪结构而非五浪结构，这说明市场正在运行一个平台形或三角形调整。

### （三）波浪策略

（1）如果确认B浪反弹结束，交易者千万不要随意进场，C浪是杀伤力极强的一个下跌浪，交易者应该静待这一浪结束，有较为明确的市场反转信号之后再入场。

（2）依据波段交易理论，在 A−B−C 调整波段的中心，存在一个小反弹波段，它一般是这个调整浪的中心，通过它可以预计 C 浪在哪里结束，即波段中心两边的幅度相等。

（3）事不过三。在大跌行情中，当连续出现两次顺次的底背离时，基本可以确定下跌行情已快结束。但此时由于空头力量顽强，走势往往向下假突破，指标也随其向下突破。虽然价格有可能打穿前两次背离的底部，即第三次相对前两次没有形成背离，但和最初的背离原点仍形成了相对背离，操作上反而可以大胆反手抄底。三次背离后的反转行情往往幅度较大且安全性高。

## 九、X 浪

X 浪是指联合形调整中连接两个 A−B−C 三浪形态的一个上涨三浪形态。当市场走完一个 A−B−C 三浪下跌之后，市场继续以 A−B−C 进行调整，这两次 A−B−C 调整被标记为 W−X−Y，中间连接两个 A−B−C 形态的反弹便称为 X 浪。艾略特并未发现 X 浪的特殊性并对其命名，波浪理论的后续研究者普莱切特将其命名为“X 浪”。

能否把 W−X−Y 看作一个更大级别的 A−B−C 呢？

这个想法其实貌似符合直观的逻辑，W−X−Y 在一定的规则范围内确实符合 A−B−C 三浪的规则，但问题在于 W−X−Y 并不能符合 A−B−C 三浪形态的所有规则。仅凭这一点，独立命名 W−X−Y 形态就显得非常有必要了。

X 浪的概念作为一个独立的形态被单独设定出来还是很有必要的，一个很简单的原因在于，如果没有 X 浪的单独命名，这里面就会存在一个变数，那就是在熊市下跌途中，如果出现了一个在形态、幅度、时间都符合锯齿形调整或者平台形调整的三浪形态，能够根据 A−B−C 形态定理找到“充分条件”去确认 A–B–C 为锯齿形或者平台形吗？

如果总以为三浪调整本身可以是一个更大级别 A–B–C 下跌形态的一部分，也可以是一个完全独立的 A–B–C 三浪形态，那么 A–B–C 理论上来讲永远无法被认定，至少是无法在熊市结束前认定。因此，如果三浪本身完全符合锯齿形或者平台形的任意一套规则，那么，就应当无条件地认定其为 A–B–C 形态，之后的上涨则应当被记为 X 浪而不是 B 浪，之后的下跌应记为另一个独立的 A–B–C 三浪形态，其也可以是锯齿形调整或者平台形调整。

就如普莱切特的命名一样，X 浪连接的两个 A–B–C 应当被分别命名为 W 浪和 Y 浪。这样给下跌形态进行命名，事实上恰好符合了一个观察到的原因，那就是 W–X–Y 三浪并不完全符合 A–B–C 调整浪的规则。无论是锯齿形调整或者平台形调整，三浪形态所遵守的幅度、角度、方向等定理体系，都无法完全套用在 W–X–Y 中。

另外，在大熊市之中，如果一个 A–B–C 调整幅度已经超过了牛市涨幅的 50%，笔者建议可以将其直接认定为一个完整的 A–B–C 调整形态。

大家应该在熊市之中形成一个概念框架，那就是熊市有两类情况：一类是 A–B–C 形态的锯齿形或者平台形中的一种单独完成熊市调整；另一类是锯齿形与平台形的任意结合，普莱切特称之为联合形调整。

联合形调整可能产生五种情况的形态组合：锯齿形 + 锯齿形[①]、平台形 + 平台形、锯齿形 + 平台形、平台形 + 锯齿形、平台形 + 三角形，以上五种形态组合应记为 W–X–Y 调整。在这里，以 A–B–C 标记的波浪表示其为一个完整形态，以 W–X–Y 标记的波浪则是两个 A–B–C 形态组合成的联合形调整。

---

① 双锯齿，再细分的话还有三锯齿。

从全球主要股市统计数据来看，X 浪在熊市中出现的概率约为 24%。也就是说，大多数熊市以 A－B－C 形态完成调整，少数熊市以 W－X－Y 形态完成调整。

图 3－30 所示为白银期货（COMEX）1971 年到 2019 年的月 K 线图。1980 年白银以“尖顶”形态见顶后，历经 20 年的 W－X－Y 调整，才再次迎来新的升势，其中的 X 浪为三角形形态。

**图 3－30　白银期货（COMEX）1971 年—2019 年月 K 线图**

## 十、小结

从以上内容来看，波浪理论似乎颇为简单和容易运用。实际上，由于其每一个上升 / 下跌的完整过程中均包含有一个八浪循环，大循环中有小循环，小循环中有更小的循环，即大浪中有小浪，小浪中有细浪，因此，使数浪变得相当繁杂且难以把握。再加上推动浪和调整浪形态变化多端，使得对浪形的准确划分更加困难，这两点构成了波浪理论实际运用中的两大难点。

以八浪循环为例，实际操作中，在第 1 浪到第 5 浪期间以买入为主；在第 2 浪和第 4 浪的回调中，阶段性地逢低吸纳，分享第 1 浪、第 3 浪和第 5 浪上涨的成果，买入点和卖出点的价位用黄金比例为依据；在第 5 浪运行结束后以卖出为主，如果买入，也最好以小仓位短线操作为主，避免长期持有。

各类波浪的特性仅仅是建议性的讨论，并非规则，只能作为参考，实际走势中也常常发生例外。透彻掌握波浪的特性，在数浪时就更有把握，同时，正确数浪反过来又会帮助投资者更好地预测价格走势。

# 第四章

# 数学原理

# 第一节　黄金数列

波浪理论的数学基础，是由 13 世纪数学家斐波那契发现的黄金数列。该数列频繁地出现在人们的日常生活中，比如松果、凤梨、树叶、花瓣、蜂巢、蜻蜓翅膀、黄金矩形、黄金分割、等角螺线、十二平均律等，都符合黄金数列[①]。本节将详细阐述其在市场中的具体应用。

## 一、黄金数列的定义

黄金数列又称神奇数字序列、费氏数列、黄金分割数列、兔子数列，最初用于兔子繁殖问题的解答。它指的是这样一个数列：0，1，1，2，3，5，8，13，21，34，55，89，144……这个数列从第三项开始，每一项都等于前两项之和。

很有趣的是，这样一个完全是自然数的数列，通项公式居然是用无理数来表达的。随着数列项数的增加，前一项与后一项之比越来越逼近黄金分割 0.618（或者说后一项与前一项比值的小数部分越来越逼近黄金分割 0.618）。在数学上，黄金数列是以递归的方法来定义的：

$$F_n=F_{n-1}+F_{n-2}$$

$$F_0=0,\ F_1=1,\ n \geqslant 2$$

特别指出，0 不是第 1 项，而是第 0 项。

① 在自然界的应用见本书“附录 A”。

## 二、黄金数列的缘起

为什么叫兔子数列？

最开始笔者一直不理解兔子问题怎么和兔子数列联系在一起的，直到后来拜读了高德纳所著的《计算机程序设计艺术》一书后，方才明白其中缘由。据该书记载，1150 年，印度数学家戈帕拉和金月在研究箱子包装物长宽刚好为 1 和 2 的可行方法数目时，首先描述了这个数列。在西方，最先研究这个数列的人是比萨的斐波那契，他在描述兔子生长的数目时用到了这个数列，并将其发扬光大。

如果一对兔子每月能生一对小兔子，而每对小兔在它出生 3 个月后，又开始能生一对小兔子，假定在不发生死亡的情况下，由一对出生的兔子开始，一年后能繁殖成多少对兔子？

斐波那契把推算得到的头几个数摆成一串：1，1，2，3，5，8……

这串数字里隐含着一个规律：从第三个数起，后面的每个数都是它前面两个数的和。例如，3 加 5 等于 8，5 加 8 等于 13，8 加 13 等于 21……根据这个规律，只要做一些简单的加法，就能推算出以后各月兔子的数目了。于是，按照这个规律推算出来的数，就构成了数学史上一个有名的数列，大家都叫它“兔子数列”，如图 4-1 所示。

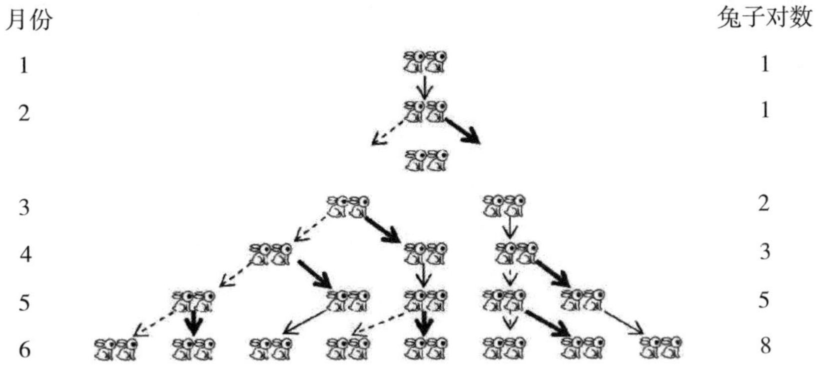


**图 4-1　兔子家族树**

## 三、黄金数列的特征

黄金数列上的数字之间有许多有趣的联系，其特征如下。

（1）数列中任一数字都是由与其相邻的前两个数字之和构成。例如：

$$1+1=2$$

$$2+3=5$$

$$5+8=13$$

$$55+89=144$$

……

（2）除了前 3 个数外，任何一个数与后一个数的比率接近 0.618，即黄金比率，而且越往后，其比率越接近 0.618。例如：

$$5/8=0.625$$

$$8/13=0.615$$

$$13/21=0.619$$

$$55/89=0.618$$

……

（3）有趣的是，1.618 与 0.618 互为倒数，其乘积等于 1。例如：

$$13/8=1.625$$

$$21/13=1.615$$

$$34/21=1.619$$

$$89/55=1.618$$

……

（4）数列中任一数字前后相邻的两个数字相比，其比率趋近于 0.382，用一个数后面的相邻数字与前面的相邻数字相比，其比值趋近于 2.618。例如：

$$13/34=0.382$$

$$34/13=2.615$$

……

（5）前面相邻数字之和加 1 等于最后一个加数后第二个黄金数字。例如：

$$1+1+2+3+5+8=20,\ 20+1=21$$

$$1+1+2+3+5+8+13=33,\ 33+1=34$$

……

（6）某一黄金数字的平方等于相邻两数之积加 1 或减 1。例如：

$$3\times3=2\times5-1$$

$$5\times5=3\times8+1$$

$$8\times8=5\times13-1$$

$$13\times13=8\times21+1$$

……

如果知道较前位置上的数字，则利用上述公式可以求出任何位置上的数字。

## 四、市场实际应用

在金融市场的分析方法中，黄金数字频频出现。例如，在波浪理论中，一轮牛市行情可以用一个上升浪来表示，也可以用五个低一层次的小浪来表示，还可继续细分为 21 个或 89 个小浪。其在波浪理论中的具体应用如下。

### （一）浪数应用

波浪理论的推动浪为五浪结构，调整浪为三浪结构，合起来为八浪。若把波浪细化，大的推动浪中第 1 浪、第 3 浪和第 5 浪为推动浪，第 2 浪和第 4 浪为调整浪；调整浪中 A 浪和 C 浪为推动浪，B 浪为调整浪。这样大的推动浪为 5+3+5+3+5=21 浪，调整浪为 5+3+5=13 浪，合起来为 34 浪。若再进行更详细的浪形划分，大的推动浪为 21+13+21+13+21=89 浪，调整浪为 21+13+21=55 浪，合起来为 144 浪。

由此不难发现，上面出现的数字，包括 1，2，3，5，8，13，21，34，55，89 及 144，全部都属于黄金数列，即波浪理论无论怎么细分，都精确地对应在这个数列上。大浪、中浪、小浪、细浪各层次的推动浪、调整浪、循环总浪数恰好构成了黄金数列。继续细分下去，数列仍然成立。基于此，艾略特认为波浪理论是大自然规律的再现。波浪理论与黄金数列的微妙关系如图 4–2 所示，144 浪的构成如表 4–1 所示。

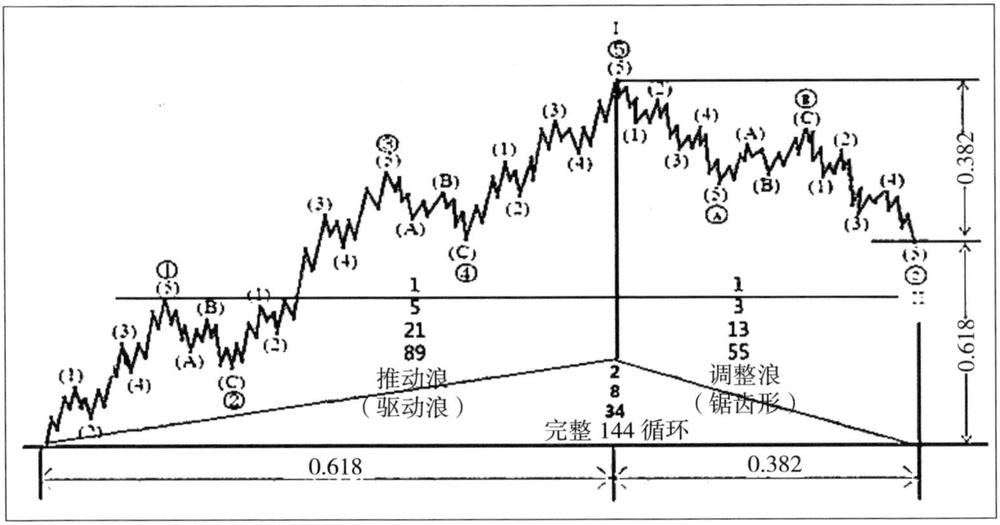


**图 4–2　黄金数列与波浪的关系**

**表 4–1　144 浪的构成**

| 波浪数 | 推动浪（驱动浪） | 调整浪（锯齿形） | 循环（推动浪 + 调整浪） |
|---|---|---|---|
| 大浪 | 1 | 1 | 2 |
| 中浪 | 5 | 3 | 8 |
| 小浪 | 21 | 8 | 34 |
| 细浪 | 89 | 55 | 144 |

## （二）时间应用

大量观察表明，波浪理论中，每个波浪持续的时间常常与黄金数列相关。艾略特认为，黄金数列对于市场的时间关系具有重要的影响，当市场行情处于关键变盘阶段，这些数字可以确定具体的变盘时间。使用黄金数列时，可以由市场中某个重要的阶段变盘点向未来进行推算，以推断出未来的时间之窗。

### 1. 应用原则

（1）只有重大转折点，黄金数列才从 0 开始，否则从 1 开始，然后观察第 2 天、第 3 天、第 5 天及第 8 天的变化情况。这些数字作为关键节点，对未来的走势起决定作用。

（2）黄金数列间隔周期越长，它反映事件的能力也越弱，预测的敏感性也越低。因此，一般只观察到第 34 天和第 55 天这两个数字，后续的影响会变得很小。

（3）一般可以选择把第 13 天作为新的基点，就算以后走势出现转折，也会和周期内的某一天重合。

（4）若将几个不同的高低点作为起算点得到了不同的结果，则一般会选择较为靠前的时间点。

（5）黄金数列多用于时间，黄金比率多用于空间，两者可以结合起来使用。可将突破压力位的当天作为起点，记为 1，以观察行情后续的发展。

（6）黄金数列可以与其他数列结合使用，如卢卡斯数列，但优先考虑黄金数列。

### 2. 计算方法

使用黄金数列时，主要有六个重要的时间计算方法。

（1）通过完整的下跌波段时间推算未来行情上涨波段的运行时间。

（2）通过完整的上涨波段时间推算未来行情下跌波段的运行时间。

（3）通过上升波段中第一个子波段低点到高点的时间，推算本上升波段最终的运行时间。

（4）通过下降波段中第一个子波段高点到低点的时间，推算本下跌波段最终的运行时间。

（5）通过上升波段中第一子波段两个相邻低点的时间，推算未来上升波段的最终运行时间。

（6）通过下降波段中第一子波段的两个相邻高点的时间，推算本下跌波段最终的运行时间。

在这六种重要的时间计算方法中，最重要的就是计算过程中实际使用的参数。使用不同的参数，会得到不同的答案，而使用过程中，几乎所有的重要参数都与黄金数列有关。笔者会在后文的“应用解析”中以案例形式为读者朋友详细阐述计算方法。

### （三）比例应用

实战中，可以将黄金数列的数字转换成百分比，即10%、20%、30%、50%、80%、130%、210%……转换后的黄金数列亦非常好用。

简单地说，就是某股从底部起涨，这些涨幅就是一些重要的阻力位；从顶部下跌，这些跌幅就是一些重要的支撑位。在顶部与底部的选择上，最好选择显著的高点或低点。

操作上，当走势不明的时候，可以分别在这些阻力位置不能有效突破的情况下减仓或调仓换股，等有效突破后再行介入也为时不晚。

### （四）重要意义

黄金数列在实际操作过程中有两个重要意义。

第一，实战意义在于数列本身。本数列前面的十几个数字，对于市场日线的时间关系起到重要的影响，当市场行情处于关键变盘阶段，这些数字可以确定具体的变盘时间。使用黄金数列时，可以由市场中某个重要的阶段变盘点向未来进行推算，以推断未来的时间。

第二，实战意义在于黄金分割及其衍生数字是计算未来市场变盘时间的理论基础。这组衍生数列分别是 1.236，1.309，1.5，1.618，1.809，2，2.236，2.382，2.5 等一系列与黄金分割 0.618 相关的数字。

## 五、黄金数列应用解析

纵观股市历史，无论 A 股抑或是美股，黄金数列都展现出无穷的魔力！

### （一）道指

#### 1. 道指与黄金数列之实例一

图 4-3 所示为道琼斯工业指数（DJI）1929 年 6 月到 1937 年 11 月的月 K 线图。

图 4-3　道琼斯工业指数（DJI）1929 年 6 月—1937 年 11 月的月 K 线图

从图中可以看到如下内容。

（1）1929 年 9 月经济危机天顶至 1932 年 7 月的低点，历时 34 个月（从 0 起算）。

（2）1932 年 7 月至 1937 年 3 月，历时 56 个月（从 0 起算，与斐数[①]中的 55 相差 1 个月）。

其中，又可以对这 56 个月进行细分[②]。

① 1932 年 7 月低点至 1933 年 7 月的三浪高点，历时 13 个月。

② 1933 年 7 月高点至 1934 年 7 月的四浪低点，历时 13 个月。

③ 1934 年 7 月低点至 1937 年 3 月的五浪高点，历时 33 个月（与斐数中的 34 差 1 个月）。

### 2. 道指与黄金数列之实例二

图 4-4 所示为道琼斯工业指数（DJI）1919 年到 1944 年的年 K 线图。

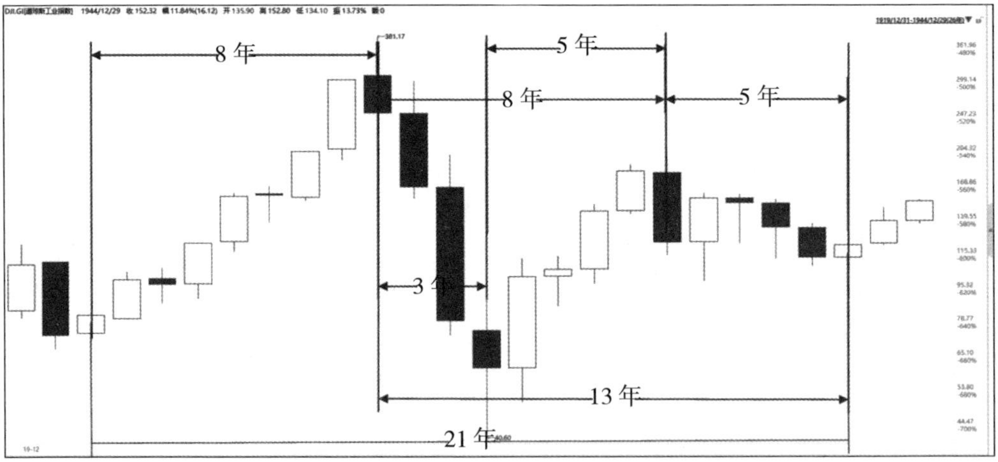


图 4-4　道琼斯工业指数（DJI）1919 年—1944 年的年 K 线图

① 黄金数列上的数字又被称为神奇数字、黄金数字以及斐波那契数字等，习惯上将其简称为“斐数”。

② 细分后，因起算基点不同，每个起点存在 1 个月误差。

从图中可以看到，1921 年低点到 1942 年低点的一个谷底循环，一共运行了 21 年时间，其中：

（1）1921 年低点到 1929 年天顶，历时 8 年。

（2）1929 年天顶至 1932 年大底，历时 3 年。

（3）1932 年低点至 1937 年高点，历时 5 年。

（4）1937 年高点至 1942 年低点，历时 5 年。

（5）1929 年天顶至 1937 年反弹高点，历时 8 年。

（6）1929 年天顶至 1942 年最终调整完毕，历时 13 年。

## （二）上证指数

### 1. 上证指数与黄金数列的关系

图 4–5 所示为上证指数（000001）2007 年 4 月到 2014 年 5 月的月 K 线图。

**图 4–5 上证指数（000001）2007 年 4 月—2014 年 5 月的月 K 线图**

从图中可以看到如下内容。

（1）从 2007 年 10 月天顶 6 124 点运行到 2008 年 11 月，历时 13 个月。

（2）从 2008 年 11 月运行到 2009 年 7 月，历时 8 个月。

（3）从 2009 年 7 月运行到 2010 年 7 月，历时 1 年或 12 个月（1 年为斐数，12 个月与斐数 13 个月差 1 个月）。

（4）从 2010 年 7 月运行到 2013 年 6 月的大底 1 849 点，历时 35 个月（与斐数 34 个月差 1 个月）。

（5）从 2008 年经济危机 1 664 点低点到 2013 年 6 月 1 849 点低点调整结束，一个完整的谷底循环，共计 55 个月。

图 4-6 所示为上证指数（000001）1999 年到 2021 年的月 K 线图。

**图 4-6　上证指数（000001）1999 年—2021 年的月 K 线图**

以 2001 年 6 月的天顶 2 245 点为起点，拉出一组黄金周期线后可以看到：2001 年后，上证指数的 3 次历史性大底 998 点、1 664 点以及 1 849 点，几乎都与黄金数列存在某种微妙的关系。其中除了第 55 个月与大底 998 点误差较大外（第 55 个月实际上是二次探底的低点），第 89 个月正好为 1 664 点当月，第 144 个月则与 1 849 点当月只差 1 个月。可以说，黄金数列对预测三次历史大底功不可没。

图 4-7 所示为上证指数（000001）2019 年 3 月到 2019 年 7 月的日 K 线图。

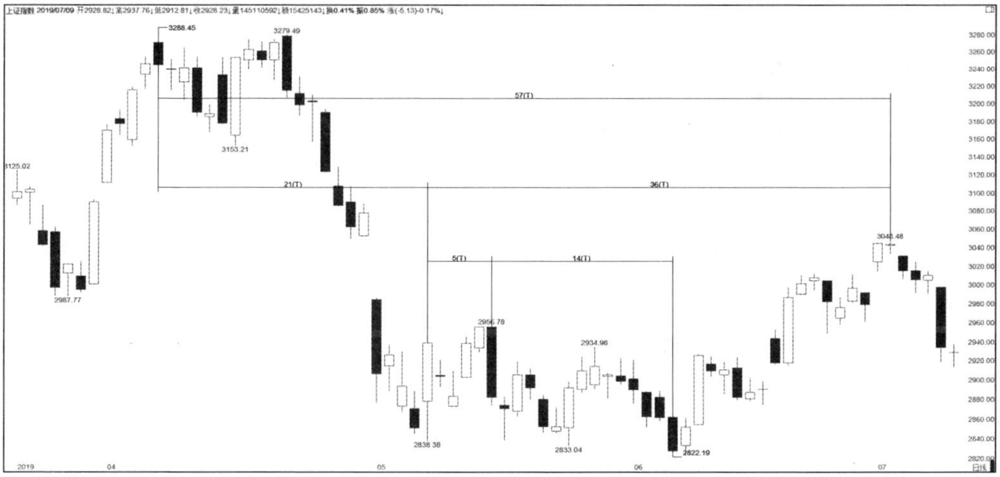

**图 4-7　上证指数（000001）2019 年 3 月—2019 年 7 月的日 K 线图**

从图中可以看到，从 2019 年 4 月 8 日的波段高点 3 288 点到 5 月 10 日阶段低点 2 838 点是 21 个交易日；从 5 月 10 日的阶段低点 2 838 点到 5 月 17 日的阶段高点 2 956 点是 5 个交易日；从 5 月 17 日的阶段高点 2 956 点到 6 月 6 日的阶段低点 2 822 点是 14 个交易日（与斐数 13 差 1 天）；从 5 月 10 日的阶段低点 2 838 点到 7 月 2 日的阶段高点 3 048 点是 36 个交易日（与斐数 34 差两天）；从 4 月 8 日的波段高点 3 288 点到 7 月 2 日的阶段高点 3 048 点是 57 个交易日（与斐数 55 差两天）。

图 4-8 所示为上证指数（000001）2019 年 4 月到 2019 年 7 月的周 K 线图。

从图中可以看到，从高点 3 288 点到低点 2 822 点的运行时间是 5 周；从低点 2 822 点到反弹高点 3 048 点的运行时间是 4 周（与斐数 3 和 5 都仅差 1 周）；而一跌一涨的总周期恰好是 12 周（与斐数 13 差 1 周）。

**2. 上证指数与黄金数列扩展后的关系**

把斐数扩展 100 倍、1000 倍……即 1 代表 100 点或 1 000 点，3 代表 300 点或 3 000 点……以此类推，则可发现上证指数历史上的重要低点与斐数有着非常微妙的关系。下面括号中的数字均保留至整数位，1 100 以下保留一位整数，1 100 以上保留两位整数。

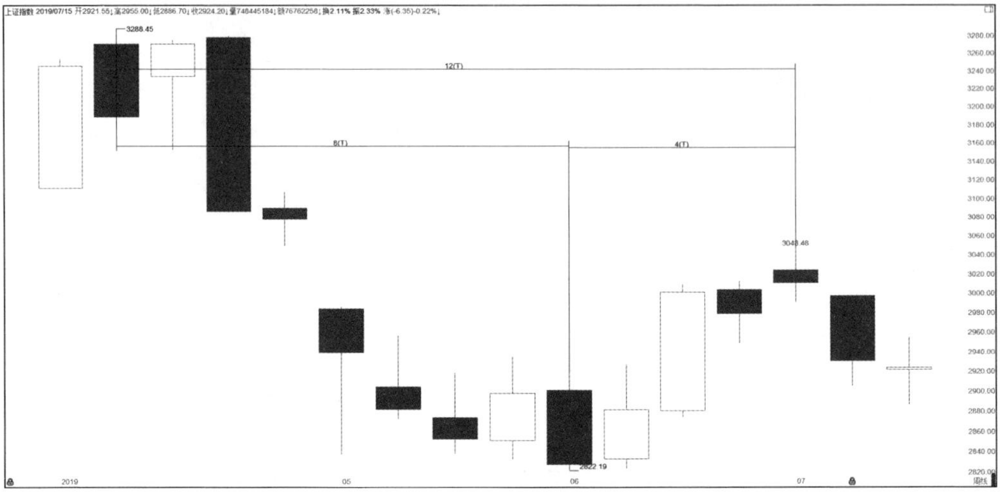


图 4-8　上证指数（000001）2019 年 4 月—2019 年 7 月的周 K 线图

（1）1991 年 5 月 104 点（1）。

（2）1992 年 11 月 386 点（3）。

（3）1994 年 7 月 325 点（3）。

（4）1995 年 2 月 524 点（5）。

（5）1996 年 1 月 512 点（5）。

（6）1996 年 12 月 855 点（8）。

（7）1998 年 9 月 1 025 点（1）。

（8）1998 年 8 月 1 043 点（1）。

（9）1999 年 5 月 1 047 点（1）。

（10）1999 年 12 月 1 341 点（13）。

（11）2002 年 1 月 1 339 点（13）。

（12）2003 年 1 月 1 311 点（13）。

（13）2003 年 11 月 1 307 点（13）。

（14）2005 年 10 月 1 067 点（1）。

（15）2007 年 6 月 3 404 点（34）。

（16）2012 年 1 月 2 132 点（21）。

图 4-9 所示为上证指数（000001）1991 年 4 月到 2020 年 10 月的月 K 线图。

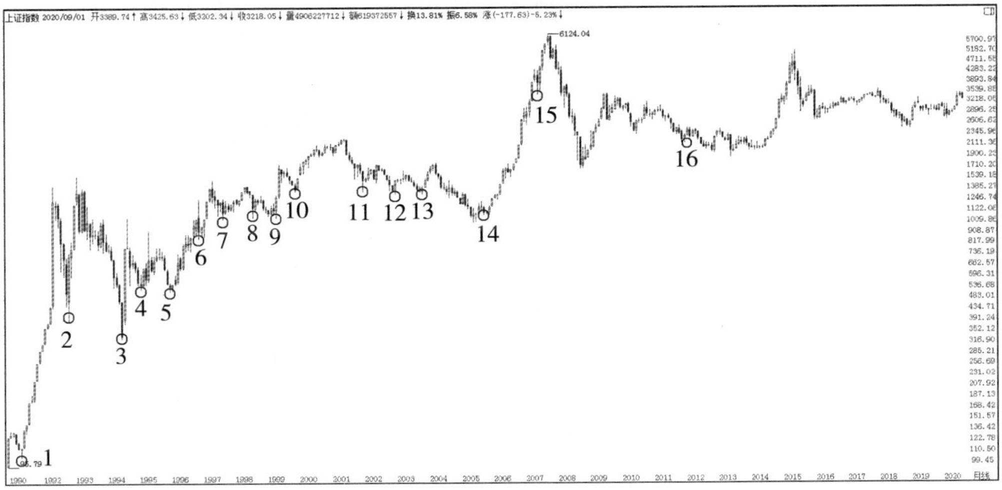


**图 4-9 上证指数（000001）1991 年 4 月—2020 年 10 月的月 K 线图**

在 2005 年大牛市之前，上证指数历次重要低点与神奇数字的契合度是非常高的。但在 2005 年大牛市之后，契合度随之降低。为何会出现这种现象？盖因神奇数字自身呈“螺旋”排列，随着时间的推移，间隔逐渐增大，契合度亦随之降低。

图 4-9 中最后一次出现神奇数字低点是 2012 年 1 月的 2 132 点（图中 16 处）。截至笔者落笔时，已是 2022 年 2 月，根据以上规律，有理由相信，上证指数经过 2022 年前后的上涨，如无重大政经不利因素影响，下一次重要低点或将落在 3300 点到 3500 点的区域，如果 2022 年前后涨幅较大的话，低点有望上一个台阶——5500 点。

### 3. 黄金数列之数字 55

“55”是《易经》中的天地之数，同时也是黄金数列之一，是一个非常经典的中西合璧数字，有着极为特殊的实战意义。

（1）经过笔者多年潜心研究发现，该数字非常适合用在 A 股的月线图来预测行情的转折点。

图 4-10 所示为上证指数（000001）1990 年 12 月到 2020 年 8 月的月 K 线图。

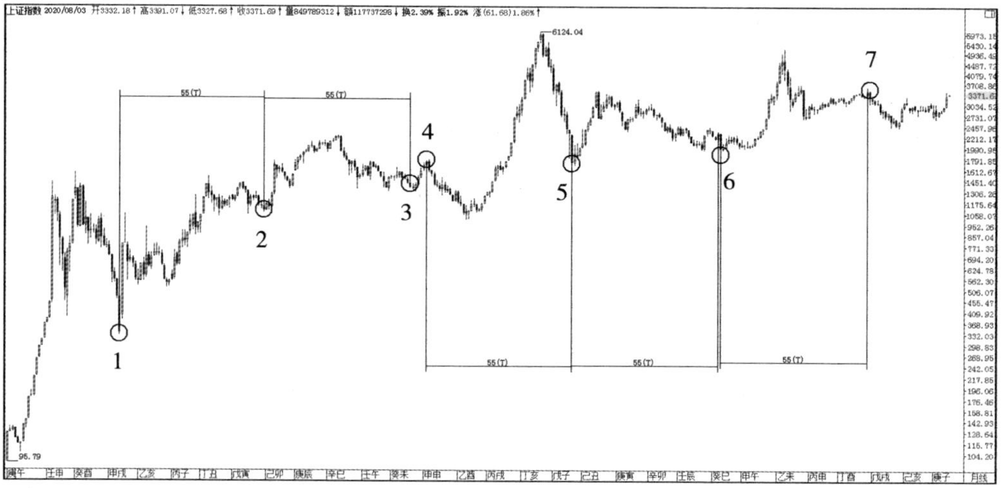


**图 4-10　上证指数（000001）1990 年 12 月—2020 年 8 月的月 K 线图**

从图 4-10 中可以看到如下内容。

①上证指数于 1994 年 7 月见到回调低点 1（325 点），55 个月后的 1999 年 2 月见到波段低点 2（1 064 点），两个月后开启 1999 年 5 月 19 日的上升行情。

②从低点 2 起算，至 2003 年 9 月恰好运行 55 个月，到达点 3，与 11 月的最低点 1 307 点仅差一个多月。

③从 2004 年 3 月的收盘价高点 4（1 741 点）起算，运行 55 个月后见到 2008 年经济危机的低点 5（1 664 点）。

④从低点 5 起算，运行 55 个月后是 2013 年 5 月，与低点 6（1 849 点）仅差一个月。

⑤从低点 6 起算，运行 55 个月为 2018 年 1 月，此时不偏不倚正好见到高点 7（3 587 点），之后出现为期一年的单边下跌行情。

(2) 55 天的波动周期用作时间窗口非常精准，在股市中确实存在着一个 55 天左右的波动周期。

下面用 2015 年低点 2 638 点之后的走势举例说明，图 4−11 所示为上证指数（000001）2016 年 1 月到 2017 年 8 月的日 K 线图。

**图 4−11　上证指数（000001）2016 年 1 月—2017 年 8 月的日 K 线图**

①从 2016 年 1 月 27 日最低点 1（2 638.30 点）到 4 月 13 日高点 2（3 097 点），用时 49 天。

②从 2016 年 2 月 29 日次低点 3（2 638.96 点）到 5 月 18 日低点 4（2 781 点），用时 55 天。

③从 2016 年 5 月 26 日低点 5（2 780 点）到 8 月 16 高点 6（3 140 点），用时 56 天。

④从 2017 年 1 月 16 低点 7（3 044 点）到 4 月 7 日高点 8（3 295 点），用时 52 天。

⑤从 2017 年 2 月 23 日小高点 9（3 264 点）到 5 月 11 日低点 10（3 016 点），用时 52 天。

⑥从 2017 年 5 月 11 日低点 10（3 016 点）到 8 月 2 日高点 11（3 305 点），

用时 57 天。

将以上数字相加后除以 6，即（49+55+56+52+52+57）/6=53.5，与 55 天周期平均只差 1.5 天。

#### 4. 黄金数列之数字 144

黄金数列中的 144 同样是对股市具有重大影响的数字。

- 144 是 12 的平方数，而 12 是常用的自然基数，地支数为 12，一年有 12 个月。
- 144 为江恩四方形的常用数。
- 144 是 72 的 2 倍，而 72 是周角 360 度的 1/5。

以上证指数（000001）为例，举例说明如下。

（1）上证指数（000001）从“开业日”1990 年 12 月 19 日的 95.79 点至 2001 年 6 月 14 日的高点 2 245.43 点大致运行了 144 × 18 个交易日，如图 4-12 所示。

**图 4-12　上证指数（000001）1990 年 12 月—2001 年 7 月的日 K 线图**

（2）从 1993 年 2 月 16 日的高点 1 558.95 点至 2001 年 6 月 14 日的高点 2 245.43 点，大致运行了 144 × 14 个交易日，如图 4-13 所示。

**图 4-13 上证指数（000001）1993 年 1 月—2001 年 7 月的日 K 线图**

（3）从 1996 年 1 月 19 日的低点 512.83 点至 2001 年 6 月 14 日的高点 2 245.43 点，大致运行了 144 × 9 个交易日，如图 4-14 所示。

**图 4-14 上证指数（000001）1995 年 11 月—2001 年 12 月的日 K 线图**

（4）从 1997 年 5 月 12 日的高点 1 510.17 点到 2001 年 6 月 14 日的高点 2 245.43 点，大约运行了 144 × 7 个交易日，如图 4-15 所示。

**图 4-15　上证指数（000001）1997 年 2 月—2001 年 7 月的日 K 线图**

（5）从 2001 年 6 月 27 日的次高点 2 237.52 点至 2003 年 4 月 16 日的“非典”反弹高点 1 649.60 点，运行了 433 个交易日，与 144 × 3=432 仅差 1 天，如图 4-16 所示。

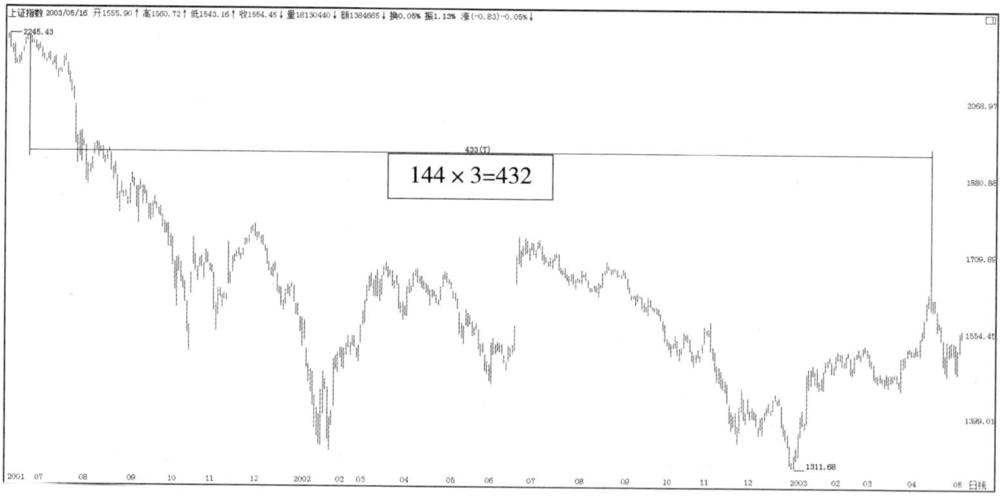


**图 4-16　上证指数（000001）2001 年 6 月—2003 年 5 月的日 K 线图**

（6）从 2003 年 4 月 16 日“非典”期间的高点 1 649.60 点至 2003 年 11 月 13 日的低点 1 307.39 点，共运行了 139 个交易日，与 144 天仅差 5 天，

如图 4-17 所示。

**图 4-17　上证指数（000001）2003 年 3 月—12 月的日 K 线图**

（7）从 2003 年 11 月 13 日的低点 1 307.39 点至 2004 年 6 月 29 日的中继低点 1 376.21 点，共运行了 149 个交易日，与 144 天仅差 5 天，如图 4-18 所示。

**图 4-18　上证指数（000001）2003 年 9 月—2004 年 7 月的日 K 线图**

### 5. 黄金数列之数字 2

黄金数列中的数字 2 对市场的影响亦不容小觑。以上证指数（000001）1991 年 5 月的低点 104.96 点为起点，存在着重要的 2 年周期循环规律（5 月或 6 月），如图 4-19 所示。

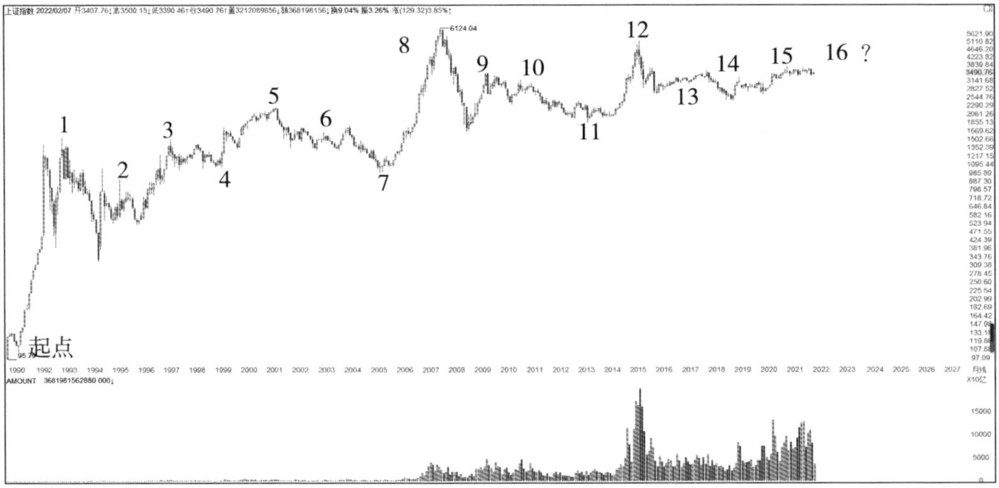


**图 4-19　上证指数（000001）1990 年 12 月—2022 年 2 月的月 K 线图**

1：2 年后的 1993 年 5 月见 1 380 点顶点。

2：2 年后的 1995 年 5 月见 926 点顶点。

3：2 年后的 1997 年 5 月见 1 510 点顶点。

4：2 年后的 1999 年 5 月见 1 047 点低点。①

5：2 年后的 2001 年 6 月见 2 245 点顶点。

6：2 年后的 2003 年 6 月见 1 582 点顶点。

7：2 年后的 2005 年 6 月见 998 点历史大底。

8：2 年后的 2007 年 5 月见 4 335 点中途顶。②

---

① 次月见 1 756 点高点，该节点疑似顶底重合。

② 此“中途顶”为著名的“5·30”高点。

9：2 年后的 2009 年 8 月见 3 478 点高点。[①]

10：2 年后的 2011 年 4 月见 3 067 点高点。[②]

11：2 年后的 2013 年 6 月见 1 849 点低点。

12：2 年后的 2015 年 6 月见 5 178 点高点。

13：2 年后的 2017 年 5 月见 3 016 点低点。

14：2 年后的 2019 年 4 月见 3 288 点高点。[③]

15：2 年后的 2021 年 7 月见 3 458 点高点。[④]

规律总结：自 1991 年 5 月起点开始，上证指数（000001）每逢奇数年的 5 月到 6 月，都会出现一次重要顶底。其中，2009 年 8 月上证指数见 3 478 点高点；2011 年 4 月，上证指数见 3 067 点高点；2019 年 4 月，上证指数见 3 288 点高点；2021 年 7 月，上证指数见 3 458 点高点。以上四次转折点都没出现在 5 月到 6 月，有一定误差，这个现象值得注意。

后续预测：2023 年 5 月到 6 月，见重要高点或重要低点。

再举一例加以说明，以上证指数（000001）1991 年高点 134.87 点为起点，存在着重要的 2 年周期循环规律（1 月或 2 月），如图 4–20 所示。

1：2 年后的 1993 年 2 月见 1 558 点顶点。

2：2 年后的 1995 年 2 月见 524 点低点。

3：2 年后的 1997 年 2 月见 870 点低点。

4：2 年后的 1999 年 2 月见 1 064 点低点。

5：2 年后的 2001 年 2 月见 1 893 点低点。

6：2 年后的 2003 年 1 月见 1 311 点低点。

---

① 此处延迟 2 个月。

② 此处提前 1 个月。

③ 此处提前 1 个月。

④ 此处延迟 1 个月。

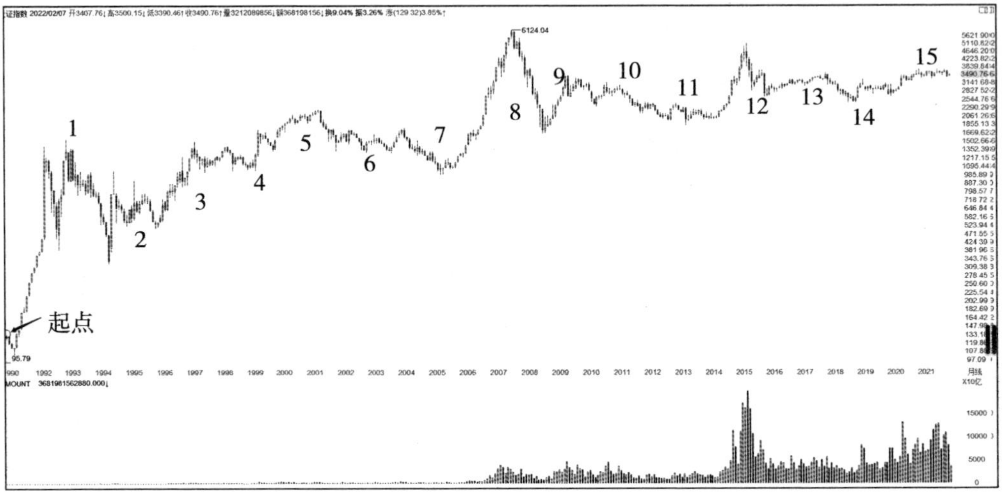


**图 4-20 上证指数(000001)1990 年 12 月—2022 年 2 月的月 K 线图**

7：2 年后的 2005 年 2 月见下跌中继高点 1 328 点。

8：2 年后的 2007 年 2 月见上涨中继低点 2 541 点。

9：2 年后的 2009 年 2 月见上涨中继高点 2 402 点。

10：2 年后的 2011 年 4 月见 3 067 点高点。①

11：2 年后的 2013 年 2 月见 2 444 点高点。

12：2 年后的 2015 年 2 月见上涨中继低点 3 049 点。

13：2 年后的 2017 年 1 月见 3 044 点低点。

14：2 年后的 2019 年 1 月见 2 440 点低点。

15：2 年后的 2021 年 2 月见 3 731 点高点。

规律总结：自 1990 年开始，上证指数每逢奇数年的 1 月或 2 月，都会出现一个重要的高低点，且以低点为多。

后续预测：2023 年年初（1 月或 2 月）或将出现一个重要高点或低点。

---

① 此处延后 2 个月。

### 6. 黄金数列之数字 3

上证指数（000001）存在着明显的 3 年周期循环规律，循环规律如下。

（1）1990 年 12 月 95.79 点低点到 1993 年 12 月反弹高点 1 044 点。

（2）1993 年 12 月反弹高点 1 044 点到 1996 年 12 月 1 258 点高点。

（3）1996 年 12 月 1 258 点高点到 1999 年 12 月上升途中 1 341 点低点。

（4）1999 年 12 月上升途中 1 341 点低点到 2003 年 1 月 1 311 点低点。①

（5）2003 年 1 月 1 311 点低点到 2005 年 10 月 1 067 点低点，2007 年大牛市之前的最后一个低点。②

（6）2005 年 10 月 1 067 点低点到 2008 年 10 月大底 1 664 点。

（7）2008 年 10 月大底 1 664 点到 2012 年 1 月 2 132 点低点。③

（8）2012 年 1 月 2 132 点低点到 2015 年 1 月 3 406 点波段高点。

（9）2015 年 1 月 3 406 点波段高点到 2018 年 1 月 3 587 点高点。

（10）2018 年 1 月 3 587 点高点到 2021 年 2 月 3 731 点高点。

规律总结：1990 年 12 月 19 日为上证指数的“生日”，每当 3 年后的“生日”临近月份，就会形成一个重要变盘点，但大多为上涨中继或下跌中继。

后续预测：2023 年年初或将成为重要变盘点。值得一提的是，结合前文 2 年周期循环预测，2023 年年初出现变盘的概率很大，应引起投资者的高度重视。

图 4-21 所示为上证指数（000001）1990 年 12 月到 2020 年 9 月的月 K 线图，其中 1～15 标记了上证指数从 1990 年 12 月开始的 3 年循环终点所对应的高低点。

---

① 此处误差 1 个月。

② 此处误差 2 个月。

③ 此处误差 2 个月。

**图 4-21　上证指数（000001）1990 年 12 月—2020 年 9 月的月 K 线图**

## 7. 黄金数列之 2 与 3 的乘积 6

以上证指数（000001）为例，存在着很重要的 6 年周期循环规律。

（1）1990 年 12 月 19 日（生日）95.79 点低点至 1996 年 12 月 11 日见 1 258 点高点，同月 25 日见 855 点低点，出现高低点同月的奇观，如图 4-22 所示。

**图 4-22　上证指数（000001）1990 年 12 月—1997 年 3 月的周 K 线图**

（2）图 4-23 所示为上证指数（000001）1990 年 12 月到 2007 年 2 月的月 K 线图。图中用 2～13 标注了对应的 6 年周期高低点。

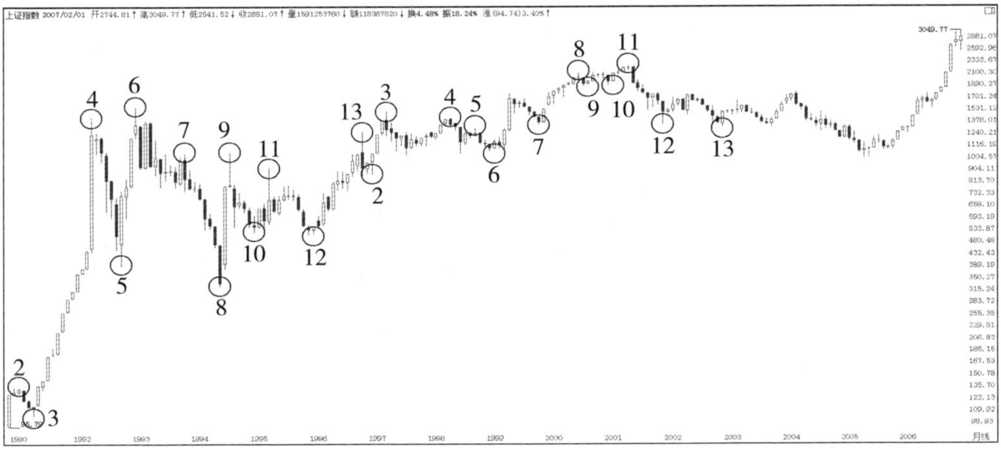


**图 4-23　上证指数（000001）1990 年 12 月—2007 年 2 月的月 K 线图**

2：1991 年 2 月 134 点高点到 1997 年 2 月 870 点低点。

3：1991 年 5 月 104 点低点到 1997 年 5 月 1 510 点高点。

4：1992 年 5 月 1 429 点高点到 1998 年 6 月 1 422 点高点。

5：1992 年 11 月 386 点低点到 1998 年 11 月 1 300 点高点。

6：1993 年 2 月 1 558 点高点到 1999 年 2 月 1 064 点低点。

7：1993 年 12 月 1 044 点高点到 1999 年 12 月 1 341 点低点。

8：1994 年 7 月 325 点低点到 2000 年 8 月 2 114 点高点。

9：1994 年 9 月 1 052 点高点到 2000 年 9 月 1 874 点低点。

10：1995 年 2 月 524 点低点到 2001 年 2 月 1 893 点低点。

11：1995 年 5 月 926 点高点到 2001 年 6 月 2 245 点高点。

12：1996 年 1 月 512 点低点到 2002 年 1 月 1 339 点低点。

13：1996 年 12 月 1 258 点高点到 2003 年 1 月 1 311 点低点。

（3）图 4-24 所示为上证指数（000001）1995 年 12 月到 2008 年 9 月的月 K 线图。图中用 14～21 标注了对应的 6 年周期高低点。

14：1997 年 5 月 1 512 点高点到 2003 年 4 月 1 649 点高点。

15：1997 年 9 月 1 025 点低点到 2003 年 11 月 1 307 点低点。

**图 4-24　上证指数（000001）1995 年 12 月—2008 年 9 月的月 K 线图**

16：1998 年 6 月 1 422 点高点到 2004 年 4 月 1 783 点高点。

17：1999 年 5 月 1 047 点低点到 2005 年 6 月 998 点历史大底。

18：1999 年 12 月 1 341 点低点到 2005 年 10 月 1 067 点低点。

19：2000 年 8 月 2 114 点高点到 2006 年 8 月 1 541 点低点。

20：2001 年 6 月 2 245 点高点到 2007 年 5 月 30 日暴跌高点。

21：2001 年 10 月 1 541 点低点到 2007 年 10 月 6 124 点历史大顶。

（4）图 4-25 所示为上证指数（000001）2001 年 7 月到 2013 年 12 月的月 K 线图。图中用 22～29 标注了对应的 6 年周期高低点。

22：2002 年 1 月 1 339 点低点到 2008 年 1 月 5 522 点反抽高点。

23：2002 年 6 月 1 741 点高点到 2008 年 5 月 3 786 点反抽高点。

24：2003 年 1 月 1 311 点低点到 2008 年 10 月 1 664 点低点。①

25：2003 年 11 月 1 307 点低点到 2009 年 11 月的 3 361 点次高点。

26：2004 年 4 月 1 783 点高点到 2010 年 4 月 3 181 点次高点。

---

① 此处有 2 个月的误差。

**图 4-25　上证指数（000001）2001 年 7 月—2013 年 12 月的月 K 线图**

27：2005 年 6 月 998 点低点到 2011 年 4 月 3 067 点次高点。[①]

28：2007 年 2 月 2 541 点回调低点到 2013 年 2 月 2 444 点高点。

29：2007 年 6 月 3 404 点低点（5·30 暴跌）到 2013 年 6 月 1 849 点大底。

（5）图 4-26 所示为上证指数（000001）2007 年 9 月到 2020 年 9 月的月 K 线图。图中用 30～43 标注了对应的 6 年周期高低点。

30：2008 年 4 月 2 990 点低点到 2014 年 3 月 1 974 点低点。

31：2009 年 8 月 3 478 点高点到 2015 年 8 月 2 850 点低点。

32：2009 年 11 月 3 361 点高点到 2015 年 12 月 3 684 点高点。

33：2010 年 2 月 2 890 点低点到 2016 年 1 月 2 638 点低点。

34：2010 年 11 月 3 186 点高点到 2016 年 11 月 3 301 点高点。

35：2011 年 1 月 2 661 点低点到 2017 年 1 月 3 044 点低点。

36：2011 年 4 月 3 067 点高点到 2017 年 4 月 3 295 点高点。

37：2011 年 6 月 2 610 点低点到 2017 年 5 月 3 016 点低点。

38：2012 年 1 月 2 132 点低点到 2018 年 1 月 3 587 点高点。

---

① 此处有 2 个月的误差。

**图 4-26 上证指数（000001）2007 年 9 月—2020 年 9 月的月 K 线图**

39：2012 年 12 月 1 949 点低点到 2019 年 1 月 2 440 点低点。

40：2013 年 2 月 2 444 点高点到 2019 年 4 月 3 288 点高点。①

41：2013 年 6 月 1 849 点大底到 2019 年 8 月 2 733 点低点。②

42：2013 年 12 月 2 260 点高点到 2020 年 1 月 3 127 点高点。

43：2014 年 3 月 1 974 点低点到 2020 年 3 月 2 646 点低点。

（6）图 4-27 所示为上证指数（000001）2013 年 11 月到 2022 年 2 月的周 K 线图。图中用 44～48 标注了对应的 6 年周期高低点。

44：2015 年 1 月 3 406 点高点到 2021 年 2 月 3 731 点高点；③

45：2015 年 6 月 5 178 点高点到 2021 年 7 月 3 312 点低点；④

46：2015 年 8 月 2 850 点低点到 2021 年 7 月 3 312 点低点；

47：2015 年 12 月 3 684 点高点到 2021 年 12 月 3 708 点高点；

48：2016 年 1 月 2 638 点低点到 2022 年 1 月 3 356 点低点。

---

① 此处有 2 个月误差。

② 此处有 2 个月误差。

③ 此处有 1 个月误差。

④ 此处有 1 个月误差。

**图 4-27　上证指数（000001）2013 年 11 月—2022 年 2 月的周 K 线图**

规律总结：几乎历史上所有的重要高低点，6 年后都有循环点或者说纪念日。

后续预测：

第一，2018 年 1 月 3 587 点高点到 2024 年 1 月，该月或将出现一个重要高低点。

第二，2019 年 1 月 2 440 点低点到 2025 年 1 月，该月或将出现一个重要高低点。

第三，2019 年 4 月 3 288 点高点到 2025 年 4 月，该月或将出现一个重要高低点。

8. **黄金数列之数字** 8

8 是一个偶数，也是第一个立方数（$2\times2\times2=8$）。另外“$2+2+2+2=8$”，把 4 个加数 2 从中间分开，可以看到它们是对称的，再分一次的结果仍然对称。所以，黄金数字 8 可以代表“秩序”与“和谐”。下面就来看一下 8 这个数字在上证指数中的表现。

图 4-28 所示为上证指数（000001）2015 年 5 月到 2016 年 2 月的周 K 线

图。从图中可以看到，8 的倍数在上证指数 2015 年的股市下跌中呈现出了一种极度切合的波动状态。

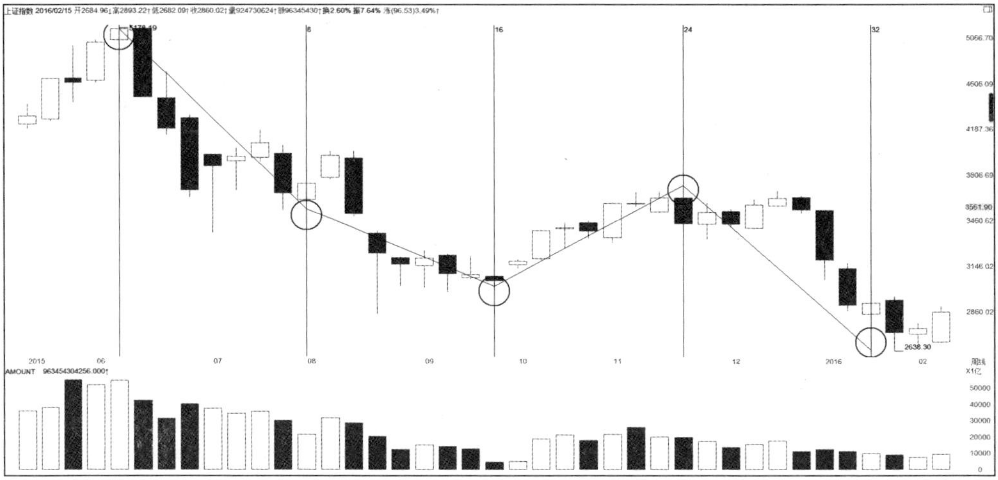


图 4-28　上证指数（000001）2015 年 5 月—2016 年 2 月的周 K 线图

图 4-29 所示为上证指数（000001)2015 年 2 月到 2019 年 3 月的月线图。上证指数从 2015 年最高点 5 178 点下跌至 2019 年最低点 2 440 点的三大下跌波段，全部是黄金数列中的数字，其中，从点 1 到点 2、点 3 到点 4 都经过 3 个月，点 5 到点 6 经过 13 个月，巧合的是从点 1 到点 4 恰好经过 8 个月。

图 4-29　上证指数（000001）2015 年 2 月—2019 年 3 月的月线图

## （三）标普

从图 4–30 中可以看到，2000—2009 年以年为单位的调整周期与黄金数列完全契合。

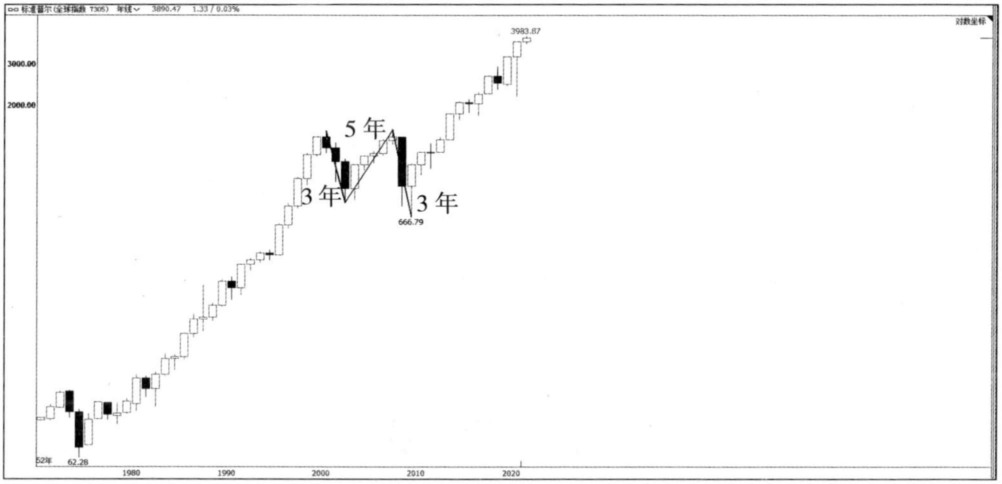


**图 4–30　标准普尔 500 指数（SP500）1970—2021 年的年 K 线图**

## （四）个股

如图 4–31 所示，英科医疗作为 2020 年度的超级大牛股，从 2019 年 12 月的 6.69 元升至 2021 年 1 月的 296.99 元，仅用一年时间，累计上涨 44 倍！观察发现，该股在如此猛烈的上涨中，也完美地遵循着神奇数字的秩序。从点 1 涨至点 2 历时 13 周；之后回调 3 周至点 3；从回调低点下一周起算，再涨 3 周至点 4；再回调 3 周至点 5；巧合的是，从点 2 运行到点 5 历时 8 周，又是神奇数字；从点 5 开始，股价再次掀起一波狂潮，大涨 8 周后突破百元大关（点 6）；之后再次回调 8 周（点 7）；之后进入最后的冲刺阶段，冲刺阶段连续上涨 21 周，达到 296.99 点的历史高位（点 8）；从点 1 到点 8 的整个上升波段历时 59 周，与神奇数字 55 仅差 4 周。

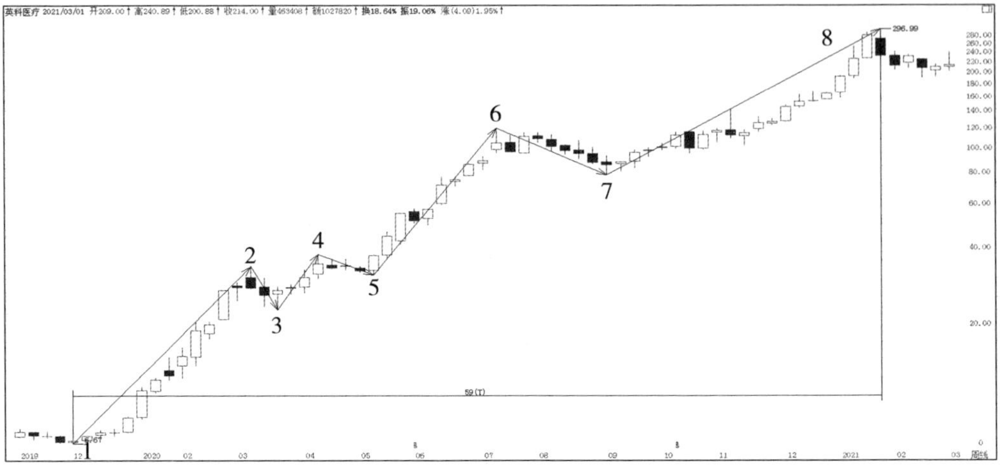


图 4-31　英科医疗（300677）2019 年 11 月—2021 年 3 月的周 K 线图

# 第二节　黄金比率

大到整个宇宙空间，小到分子原子，从时间到空间，从自然到人类社会，都能找到黄金比率的踪迹。世界著名建筑如巴黎圣母院、埃菲尔铁塔、埃及金字塔等，从它们身上均能找到黄金比率的影子；名画、摄影、雕塑等作品的主题都分布在黄金分割处；报幕员站在舞台的黄金分割处，画面显得最和谐；人的肚脐位于人体长度的黄金分割位置，人的膝盖是从脚底到肚脐长度的黄金比率位；战争中对黄金比率的运用也是无处不在，小到兵器制造，大到排兵布阵和战争时间周期，无不体现着黄金比率的威力，相传拿破仑即败于战场的黄金分割线。

到底什么叫黄金比率？

## 一、基本概念

黄金比率是一种古老的数学方法，任何长度都可以分成两部分，使较短部分与较长部分的比率等于较长部分与整个长度的比率，这个比率就是黄金比率，如图 4-32 所示。

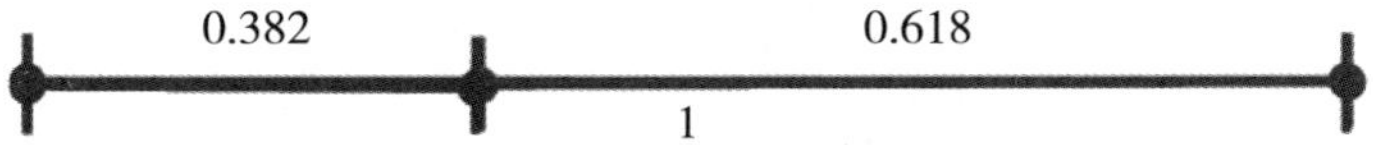


**图 4-32　黄金比率**

其计算公式如下：

$$0.382 \div 0.618 = 0.618$$

$$0.618 \div 1.000 = 0.618$$

黄金比率和黄金数列的数学意义密切相关。随着数列项数的增加，黄金数列前一项与后一项之比会越来越逼近数值 0.6180339887……

## 二、波浪关系

黄金数列与黄金比率在波浪周期运行中普遍存在，对于推演浪形有很好的应用价值，测算浪形上涨或回撤幅度时也有较大的价值。

### （一）波幅关系

波浪理论的核心是形态，比率分析是形态分析的重要工具。各个波的波幅之间存在着显著的黄金比率关系。

（1）如果推动浪中的一个子浪成为延伸浪的话，则其他两个推动浪不管运行的幅度还是运行的时间都将趋向于一致。也就是说，当推动浪中的第 3 浪在走势中走出延伸浪时，那么第 1 浪与第 5 浪的升幅和运行时间将会大致趋同。假如并非完全相等，则极有可能以 0.618 的关系维系，如图 4-33 所示。

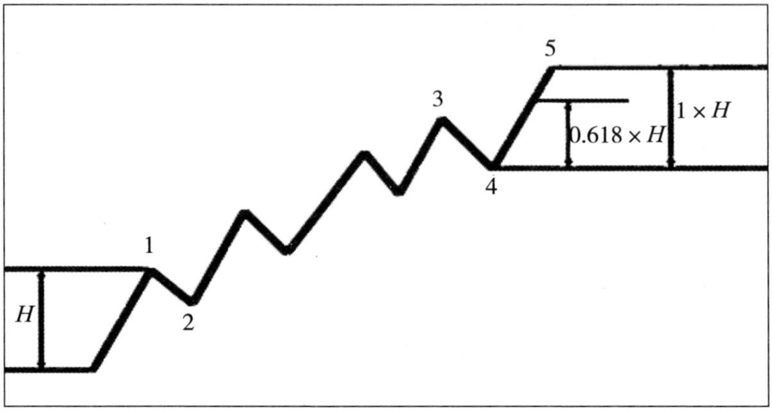


图 4-33　第 5 浪升幅等于第 1 浪升幅或第 1 浪升幅的 0.618 倍

（2）如果第 5 浪延长，第 5 浪的升幅是第 1 浪至第 3 浪升幅的 1.618 倍，如图 4-34 所示。

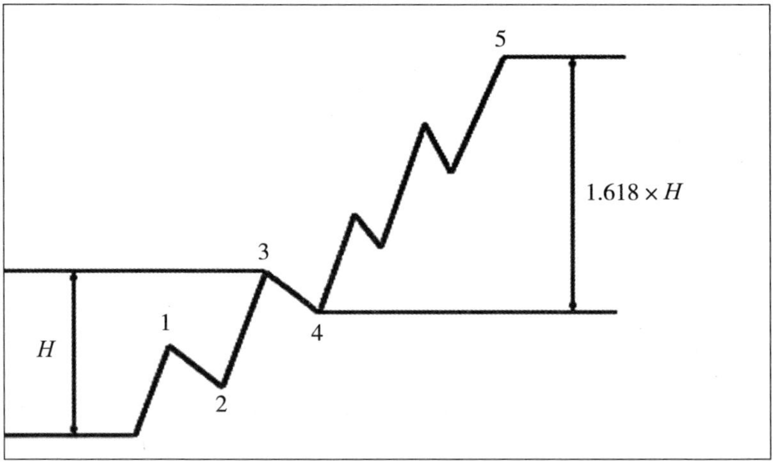


图 4-34　第 5 浪升幅与第 1 浪至第 3 浪升幅的关系

（3）第 5 浪在整体升幅中的比例关系如图 4-35 所示。

①如果第 5 浪不延长，其在整体升幅中所占比例为 0.382。

②如果第 5 浪延长，其在整体升幅中所占比例为 0.618。

（4）第 3 浪最小目标升幅一般为第 1 浪的 1.618 倍（从第 2 浪低点起算），如图 4-36 所示。

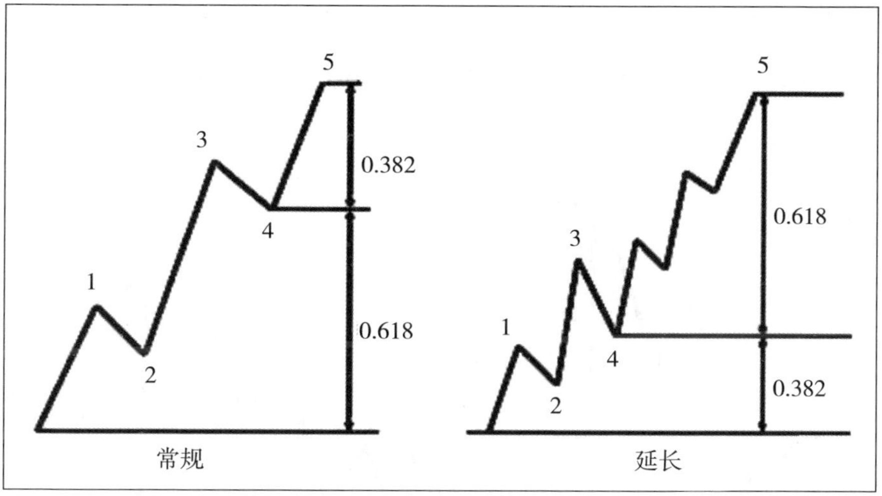


图 4-35　第 5 浪所占比例

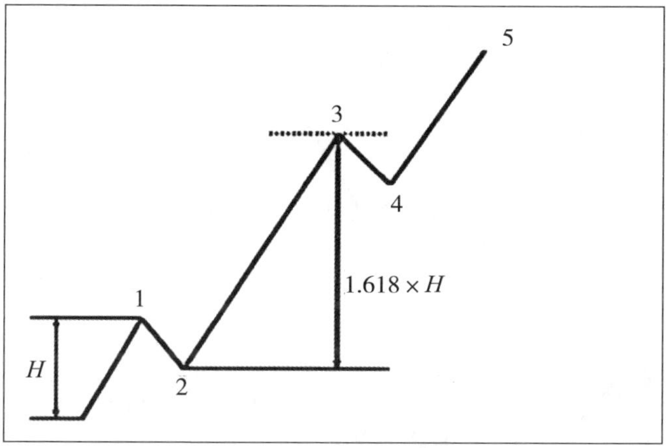


图 4-36　第 3 浪升幅

（5）第 5 浪最终目标，可以根据第 1 浪底至第 2 浪顶的距离进行预估，它们之间的关系通常亦符合黄金比率的关系。通常第 5 浪的极限为：第 1 浪的高点加上 $2 \times 1.618H$；最小升幅为：第 1 浪的低点加上 $2 \times 1.618H$，如图 4-37 所示。

（6）对于 A-B-C 调整浪来说，C 浪的最终目标值可以根据整体的浪形及 A 浪的幅度来预估。通常而言，调整浪如果以 5-3-5 的锯齿形出现，则

C 浪的调整幅度等于 A 浪的调整幅度；调整浪如果以 3-3-5 的平台形出现，则 C 浪的调整幅度等于 A 浪调整幅度 1.618 倍，如图 4-38 所示。

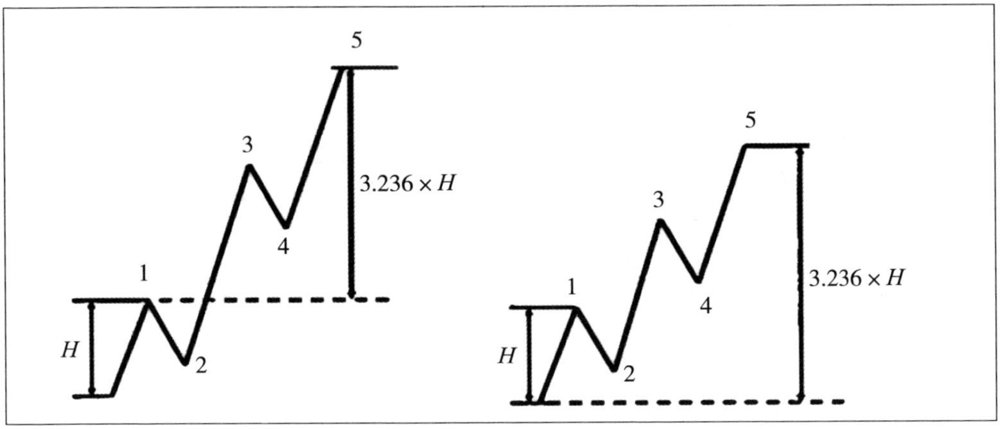


图 4-37　第 5 浪的极限及最小升幅

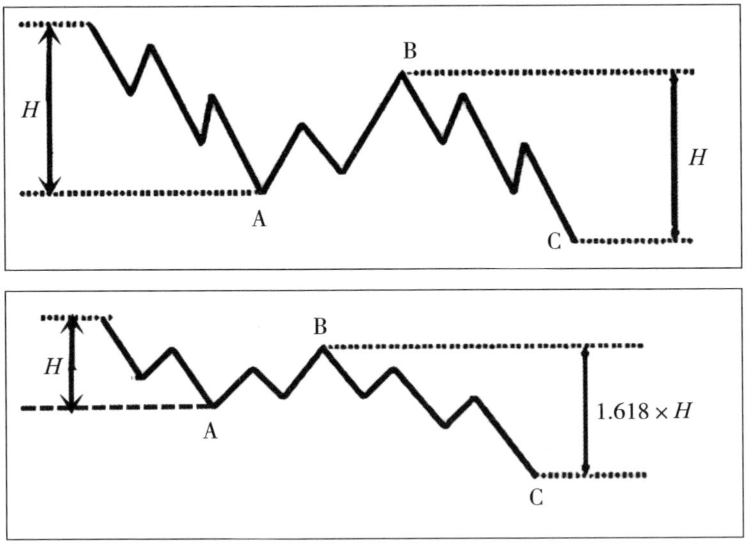


图 4-38　锯齿形与平台形

（7）在三角形调整中，每个浪的升跌幅度与其他浪的比率，通常具有 0.618 倍的黄金比率关系。至少有两个浪存在着 0.618 倍的比例关系。e 浪的调整幅度是 c 浪调整幅度的 0.618 倍。c 浪的调整幅度是 a 浪调整幅度的 0.618 倍，d 浪的调整幅度是 b 浪调整幅度的 0.618 倍，如图 4-39 所示。

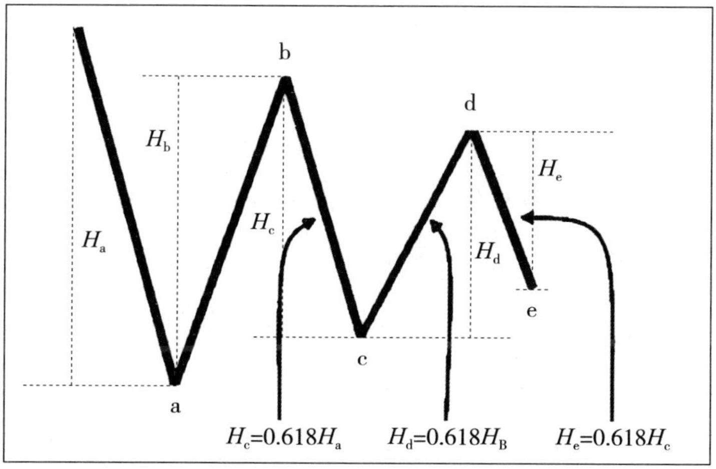


**图 4-39　三角形形态黄金比例关系**

（8）调整浪对推动浪的回吐幅度通常也为黄金比率，其比例关系如下。

① 0.382：第 4 浪常见的回吐比率、部分弱势第 2 浪的回吐比率以及 B 浪的回吐比率。

② 0.618：大部分第 2 浪的调整幅度、第 5 浪占整个五浪的比率、B 浪的调整比率、三角形子浪之间的比率。

③ 0.5：B 浪常见的调整幅度。

④ 0.236（0.618 × 0.382）：弱势第 4 浪的回吐比率，但不多见。

⑤ 1/1、1/3、2/3 的比例也常见到。

## （二）时间关系

### 1. 时间模型

艾略特认为，选取一个波段的显著低点或显著高点作为参考点，股价必将在黄金比率位发生一些重要的变化。未来市场转折点 = 已知时间周期 × 黄金分割比率，已知时间周期有如下两种。

（1）循环周期：最近两个顶之间的运行时间或两个底之间的运行时间。

（2）趋势周期：最近一段升势的运行时间或一段跌势的运行时间。

一般来讲，用循环周期可以计算出下一个反向趋势的终点，即用底部循环计算下一个升势的顶，或用顶部循环计算下一个跌势的底。而用趋势周期可以计算下一个同方向趋势的终点或是下一个反方向趋势的终点。

用循环周期预测，可以用顶测底，用底测顶。

如果从第 1 浪的顶到第 3 浪的顶属于顶到顶的顶循环，共运行 6 个时间周期，则可预测从第 3 浪的顶到第 4 浪的底经过 $6 \times 0.5=3$ 个时间周期；如果从第 2 浪的底到第 4 浪的底为 6 个时间周期，则可预测从第 4 浪的底到第 5 浪升势的顶经过 $6 \times 0.809 \approx 5$ 个时间周期，如图 4–40 所示。

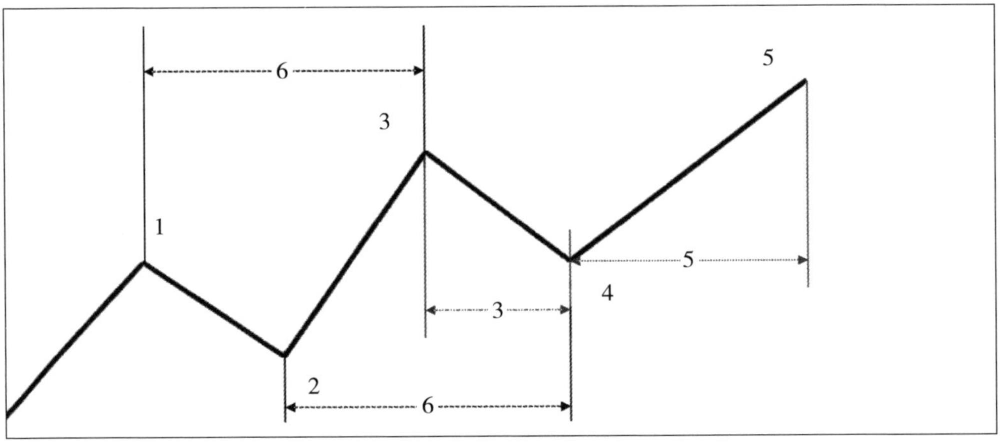


**图 4–40　时间循环周期模型预测图**

已知趋势周期，则可预测未来同向或反向趋势的终点。

假设已知第 1 浪运行 8 个时间周期，则第 2 浪将运行 $8 \times 0.618 \approx 5$ 个时间周期，第 3 浪运行 $5 \times 1.618 \approx 8$ 个时间周期，如图 4–41 所示。

**2. 时间比例**

（1）一个完整的趋势（推动五浪或调整三浪），运行时间最短为第一波（第 1 浪或 A 浪）的 1.618 倍，最长为第一波的 5.236 倍。如果第一波太过短促，

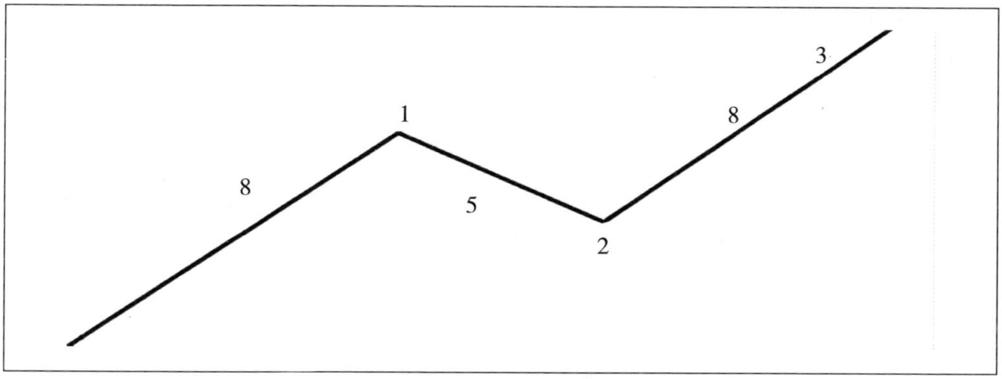


**图 4-41　时间趋势周期模型预测图**

则以第一个循环为基础进行计算（A 浪与 B 浪或第 1 浪与第 2 浪）。

（2）同级次两波反向趋势组成的循环，运行时间至少为第一波运行时间的 1.236 倍。

（3）一个很长的跌势（或升势）结束后，其右底（或右顶）通常在前趋势的 1.236 或 1.309 倍时间窗口出现。

## 三、比率应用

黄金比率对于市场运行的时间周期和价格幅度的预测具有重要启示及应用价值。

行情的延伸包括空间和时间两个要素，价格走势的两个坐标就是价格和时间，这也恰恰是黄金比率要测量的。除了 0.618 外，0.382（即 1−0.618）、0.191（即 0.382/2）、0.236（即 0.618−0.382）以及 0.809（即 0.191+0.618）等比例通常也被应用到市场走势中。值得一提的是，0.5 是 0.382 与 0.618 之间的中间比例，常常将其作为黄金比率的重要补充。

### （一）价格序列

在价格分析体系中，反弹行情的幅度通常是之前下降趋势幅度的 0.382、

0.5、0.618 倍；回调行情的幅度通常是之前上升趋势幅度的 0.382、0.5 和 0.618 倍。

几乎所有行情软件的画线工具中，都提供黄金比率绘图工具。交易者找出前一阶段股价运行的高点和低点后，将其作为黄金比率的起点和终点，就可以绘制出黄金比率线。

图 4-42 所示为上证指数（000001）2020 年 4 月到 2021 年 3 月的日 K 线图。从图中可以看到，2020 年 4 月 28 日，上证指数创出阶段低点 2 758 点，同年 7 月 13 日创出阶段高点 3 458 点。以这一组高点和低点为基础，可以做出一组黄金比率线，之后的回调低点 3 174 点不偏不倚刚好落在 0.382 黄金比率上。之后指数开始振荡攀升，至 2021 年 2 月 18 日见到波段高点 3 731 点，此处又恰好是以低点 3 174 和高点 3 458 为参照点的 1.618 黄金比率位附近。

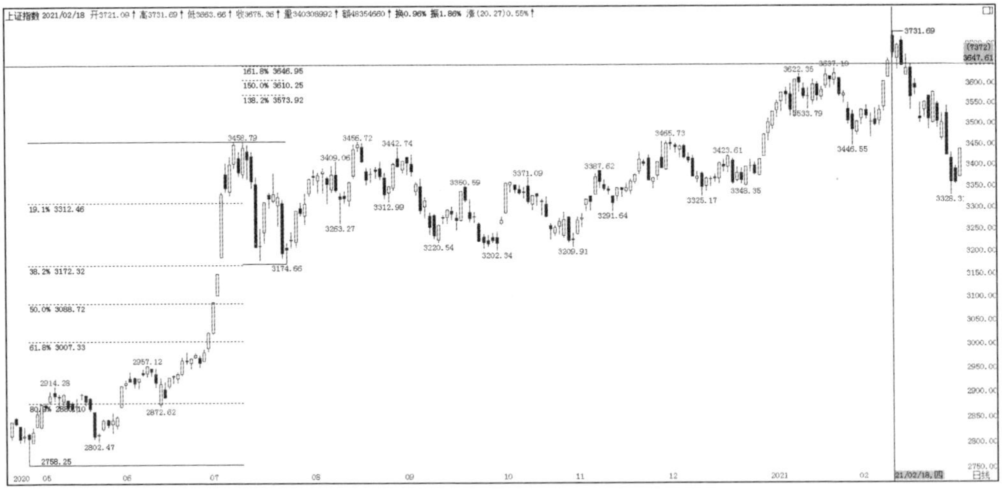


**图 4-42　上证指数（000001）2020 年 4 月—2021 年 3 月的日 K 线图**

图 4-43 所示为上证指数（000001）2015 年 5 月到 10 月的日 K 线图。经过第一波猛烈下跌，上证指数从 3 373 点开始反弹，在整个跌幅的半分位（0.5）附近戛然而止，而 0.5 恰恰是黄金比率的重要补充。

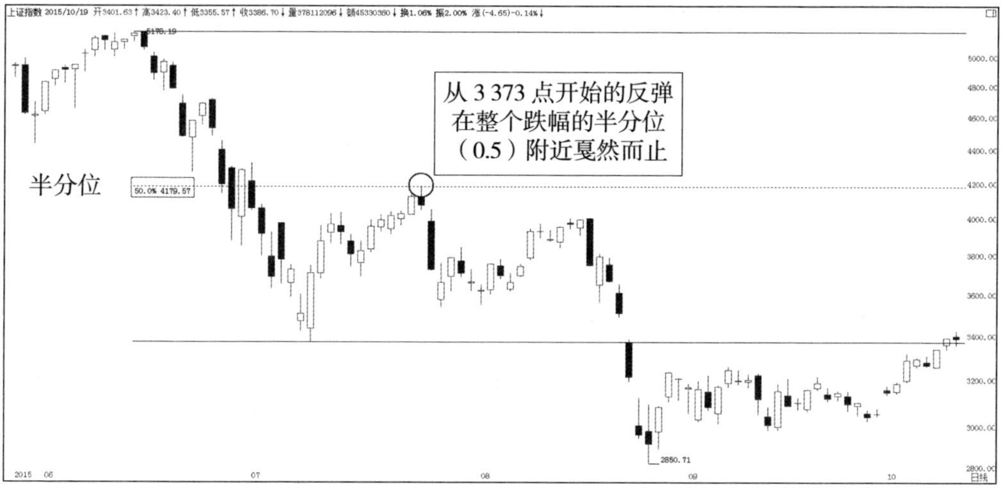


图 4-43　上证指数（000001）2015 年 5 月—10 月的日 K 线图

## （二）时间序列

在时间分析体系中，黄金比率及其衍生数字是计算未来市场变盘时间的理论基础。

图 4-44 所示为上证指数（000001）2008 年 9 月到 2010 年 1 月的日 K 线图。2008 年经济危机后，2008 年 10 月到 2009 年 8 月，上证指数出现了一波持

图 4-44　上证指数（000001）2008 年 9 月—2010 年 1 月的日 K 线图

续上涨行情，这一波行情与黄金比率的契合度堪称完美。选取 2008 年经济危机后的低点 1 664 点和反弹高点 3 478 点作为参考点，在整个波段时间的 0.382 处是一个显著高点。根据对称原理，便可提前预测时间节点的 1.382 处有极大概率是一个高点，结果 1.382 处的 2009 年 11 月确实是一个显著高点。

也许此时有读者会说，1 664 点到 3 478 点是事后诸葛亮，如果想提前预知 3 478 点这个高点应该怎么去做？

其实很简单，只需要做一个简单的算术题就可以了。当 2009 年 2 月见到显著高点的时候，便可以假定这是一个时间的 0.382 位，接下来只需要通过简单的计算，便可以算出未来的顶部大概在哪个时间。当然，身临其境的时候，大家不可能百分之百认定 2009 年 2 月就是一个 0.382 位置，但可以假设为 0.5 位置或 0.618 位置，这样一来，加上之前的 0.382 假设，最终得到三个不同的顶部时间，这三个顶部时间所在的区域，在行情彻底走出来之前，都必须引起高度警觉。在 2009 年 2 月就能得出三个将来可能的顶部时间，足以让人警觉，这难道不能体现出黄金比率的强大测市能力吗？

更神奇的还在后面，那就是当行情走出 3 478 点的大顶后，此时 0.382 作为波段行情内的显著高点已是板上钉钉，此时便可以根据重要比例的前后对称原理，顺理成章地预测到 1.382 处这个显著高点的大致时间了。

像这样的例子还有很多。

图 4-45 所示为上证指数（000001）2015 年 6 月至 2015 年 12 月的日 K 线图。如果以 2015 年大牛市的天顶 5 178 点和 2015 年 8 月 26 日的波段低点 2 850 点作为参考点的话，那么 0.382 处则为一个显著低点。根据对称原理，便可以在 2 850 点之后提前预知 1.382 附近或将出现一个重要转折点，因此，当行情运行到 1.382 附近时，就有理由让大家高度警觉。

如图 4-46 所示，如果以 5 178 点以及大跌后第一波反弹行情的高点作为参考点，将会得到不同的预测结果。此时，大跌后的第一个显著低点

图 4-45　上证指数（000001）2015 年 6 月—2015 年 12 月的日 K 线图

恰好落在时间的 0.618 处，根据对称原理，在第一波反弹高点走出来后，便可以提前预知到时间的 1.618 处市场将会出现转折。结果也证明了这样的预测，转折点成为第二波下跌的起始点，并且一天不差。假如市场发展到图中第一个显著低点处，就先假定它是 5 178 点为起点的一个波段的 0.618 位，那么提前预测到第一波反弹高点也将成为一种可能。

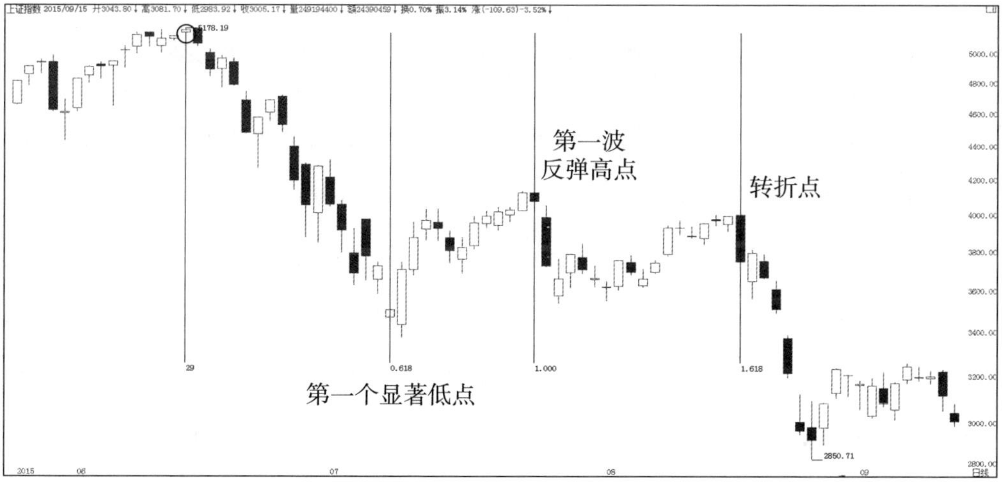


图 4-46　上证指数（000001）2015 年 5 月—9 月的日 K 线图

再比如，当市场发展到第一波反弹高点的时候，如果想知道此高点是不是顶部，此时可以将 5 178 点和该反弹高点作为参考点，然后观察其 0.382 处、0.618 处是否发生了重要变化，如果是，说明目前选取的点位是重要的顶部或者底部的概率非常大。图 4-47 所示为上证指数（000001）2015 年 6 月到 7 月的日 K 线图，当选取 5 178 点和反弹高点作为参考点后，发现 0.618 处是一个显著低点，那么此时就有理由相信该反弹高点是一个重要转折点（本例为显著高点）。

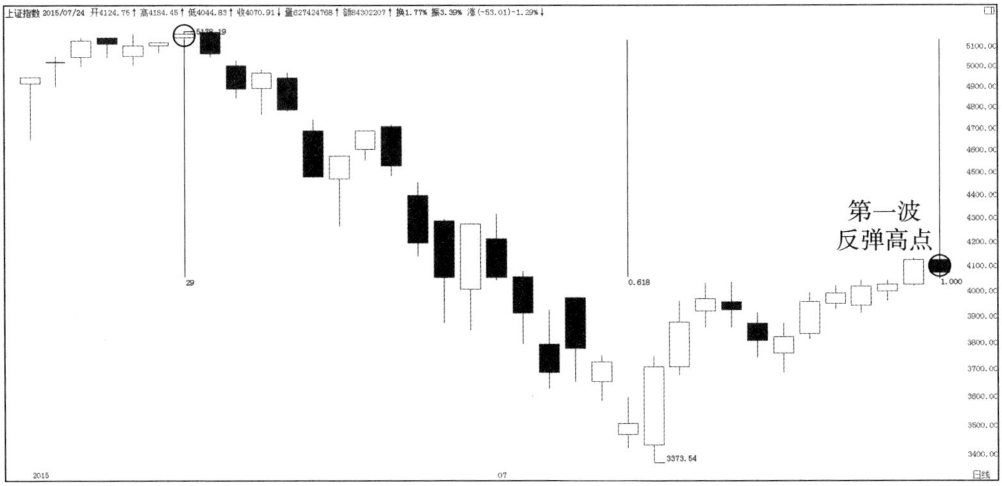


**图 4-47　上证指数（000001）2015 年 6 月—7 月的日 K 线图**

下面再举一个例子，图 4-48 所示为上证指数 2020 年 6 月到 2021 年 5 月的日 K 线图。2021 年 2 月 18 日，在行情见到 3 731 点后，笔者在自媒体上提示大家减仓。为什么呢？以 2020 年 7 月高点和 3 731 点为时间参考点，不难发现 0.382 位置与时间的半分位 0.5 处所在的位置。由此可以得出，从时间窗口看，3 731 点是一个高点的概率极大，此时不跑更待何时？同时借着这个图，还可以顺利地预测到 1.382 位置的重要转折点。那么下一个转折点在哪里？当然是在时间窗口 1.5 的位置处。有兴趣的读者，不妨自己亲自去验证一下。

图 4-48　上证指数 2020 年 6 月—2021 年 5 月的日 K 线图

图 4-49 和图 4-50 是关于黄金比率预测时间窗口在其他品种中的应用案例，读者不妨看看行情在黄金比率处的时间窗口附近发生了什么变化。看到这些图片你能想到什么？你是否还在怀疑隐藏在市场背后的惊人秩序？

图 4-49　退市富控（600634）2018 年 11 月—2019 年 3 月的日 K 线图

黄金比率的时间预测方法，在 A 股中的例子非常多，笔者就不再一一列举了。一般来说，大波段预测大行情，小波段预测小行情。有时候，大波段预测的行情与小波段预测的行情重合，这个时候更具有借鉴意义，因为这种

**图 4-50　CS 精准医（000863）2018 年 8 月—2020 年 12 月的周 K 线图**

重合的时间窗口，其实就是时间窗口的共振现象。

在黄金数列及黄金比率的运用上，理想的情形是波浪形态、比率分析及时间目标三个方面互相验证。比如说，波浪分析表明第 5 浪已经完成，并且第 5 浪已经走满了从第 1 浪底到第 3 浪顶涨幅的 1.618 倍，同时，从本趋势起点至今正好为 13 周，从前一高峰到现在正好为 34 周，那么，此时就可以确定市场重要的顶部即将出现。

# 第五章

# 几何原理

# 第一节　分形理论

谁不知道熵的概念，就不能被认为是科学上的文化人。将来谁不知道分形概念，也不能称其为有知识的人。

——惠勒

## 一、分形几何

分形理论是当下十分风靡和活跃的新理论、新科学。“分形”这个名词是由美国 IBM 公司研究中心物理部研究员曼德布洛特在 1975 年首次提出的，其原义是“不规则的，分数的，支离破碎的”物体，这个名词是参照拉丁文“fractus”（弄碎的）造出来的。它有 frature（分裂）以及 fraction（分数）的双重意义，是一门以不规则几何形态为研究对象的新几何学，但其本质是一种新的世界观和方法论。在曼德布洛特所著的《大自然的分形几何学》一书中，首次提出“分形几何学”这一概念，因此，其被称为“分形几何之父”。

有的事物有自己的特征长度，可以用恰当的尺度去测量。还有的事物没有自己的特征长度，无法用单一尺度去衡量，这叫作“无标度性”。在这混沌的表面下隐藏着某种秩序，可以用公式来描述海岸线、山形、河川、岩石、树木、森林、云团、闪电、海浪，等等。恰是由于它们有着不同的公式，因而呈现出了不同种的几何图案。在科学研究中，对许多非规则性对象建模分析，如星系分布、渗流、金融市场的价格浮动等复杂对象，都需要一种新的几何学来描述。所以，一般地可以把“分形”看作大小碎片聚集的状态，是没有特征长度的图形和构造以及现象的总称。人们把这种描述分形的几何学称为分形几何学，又称为描述大自然的几何学。图 5-1 所示为冠状病毒的分形影像。

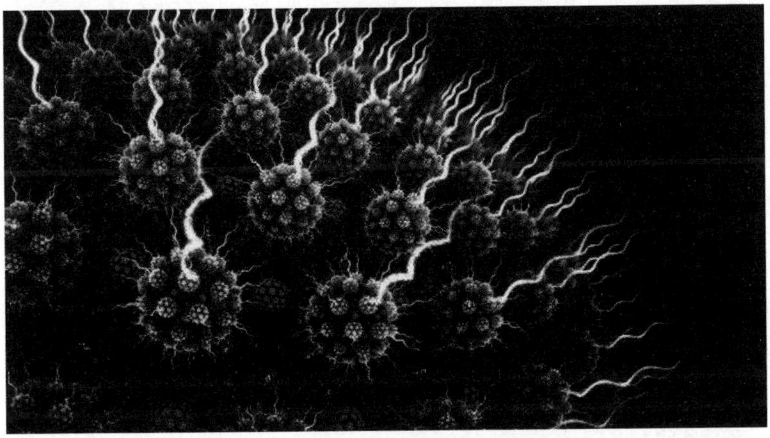

**图 5-1　冠状病毒的分形影像**

分形几何学的基本思想是：客观事物具有自相似的层次结构，局部与整体在形态、功能、信息、时间、空间等方面具有统计意义上的相似性，一般将其称为自相似性。例如，一块磁铁中的每一部分都像整体一样具有南北两极，不断分割下去，每一部分都具有和整体磁铁相同的磁场。这种自相似的层次结构，放大或缩小适当的尺寸，整个结构不变。

## 二、分形特征

### （一）自组织性

在某一系统或过程中自发形成时空有序结构或状态的现象，也称为合作现象或非平衡、非线性现象。

例如，化学振荡和化学钟。把 $Ce_2(SO_4)_3$、$KBrO_3$、$CH_2$、$H_2SO_4$ 及几滴亚铁灵混合在一起并搅拌，再把得到的均匀混合物倒入试管，试管里立刻会发生快速的振荡；溶液周期性地由红到蓝改变颜色，一会儿红色，一会儿蓝色，像钟摆一样发生规则的时间振荡。

又如，空间有序结构。将一石英管用机械泵抽成真空，然后通过高频感应炉的感应线圈对石英管施加一个高频交变电场，这时在石英管中就可以看到明暗相间的光环。光的频率和相位也是十分有序的。

## （二）自相似性

一个系统的自相似性是指某种结构或过程的特征从不同的空间尺度或时间尺度来看都是相似的，或者某系统或结构的局部性质或局域结构与整体类似。

在欧氏几何中，点、线、面及立体几何等规则形体是对自然界事物的高度抽象，也是欧氏几何学的研究范畴。这些人类创造出来的几何体可以是严格对称的，也可以在一定的测量精度范围，制造出两个完全相同的几何体。然而自然界中广泛存在的是形形色色不规则的形体，如地球表面的山脉、河流、海岸线等，这些自然界产生的形体具有自相似特性，它们不可能是严格对称的，也不存在两个完全相同的形体。

从飞机上俯视海岸线，可以发现海岸线并不是规则的光滑的曲线，而是由很多半岛和港湾组成。随着观察高度的降低，可以发现原来的半岛和港湾又是由很多较小的半岛和港湾组成。当你沿海岸线步行时，再来观察脚下的海岸线，则会发现更为精细的结构——具有自相似特性的更小的半岛和港湾组成了海岸线。如此一来，一个普通的问题就被提出来了：一条海岸线的长度能精确测量吗？答案是否定的。人们无法精确地测量海岸线的长度，因为随着测量尺子长度的减小，海岸线的长度会逐渐增大。应用分形几何学，人们认识到海岸线的长度是不确定的，它依赖于所使用的测量单位。

体现自相似性的例子还有树干与树枝、树叶与叶脉；太阳系的构造与原子结构；人体中的大脑、神经系统、血管、呼吸系统和消化系统等。

这里强调的是自相似性，而不是相同或简单的重复。另外，自相似性通常只和非线性复杂系统的动力学特征有关。总而言之，随着人类对自然界中复杂的、非线性动力学系统行为认识的逐步深化，提出了自相似性这一新概念，它是包括人类社会在内的自然界中普遍存在的一个客观规律。

按一定的数学法则生成的具有严格自相似性的分形通常称为有序分形。自然界里的分形，其自相似性并不是严格的，而是在统计意义下的自相似性，海岸线就是其中的一个例子。凡满足统计自相似性的分形，皆称之为无序分形。

### （三）标度不变

标度不变，是指在分形上任选一局部区域，对它进行放大，这时得到的放大图又会显示出原图的形态特性。因此，对于分形，不论将其放大或缩小，它的形态、复杂程度、不规则性等各种特性均不会发生变化，所以标度不变性又称为伸缩对称性。

## 三、分形维度

如果一个空间中的元素至少需要 $n$ 个变量来标记，则该空间为 $n$ 维空间。比如说，直线只需要一个变量标记，因此其为一维；平面需要两个变量标记，其为二维；立方体需要三个变量标记，其为三维。这就是一维直线、二维平面、三维空间的来历。但该定义是基于坐标系的，或者说是找线性空间的基[①]。在分形几何学中，还存在一种分形维度，或称拓普维度、相似维度、分数维度。如果某图形是由原图边长缩小为 $1/r$ 的相似的 $N$ 个图形所组成，则：

$$D=\ln N/\ln r$$

---

① 数学名词。

公式中 ln 表示自然对数函数，$D$ 为该图形的分形维度。

如图 5-2 所示，将线段分成四段，每段长度都为原来的 1/4，因此维度为 ln 4/ln 4=1；大方块中的小方块每块边长都为原来的 1/4，总数为 16 块，因此维度为 ln 16/ln 4=2。

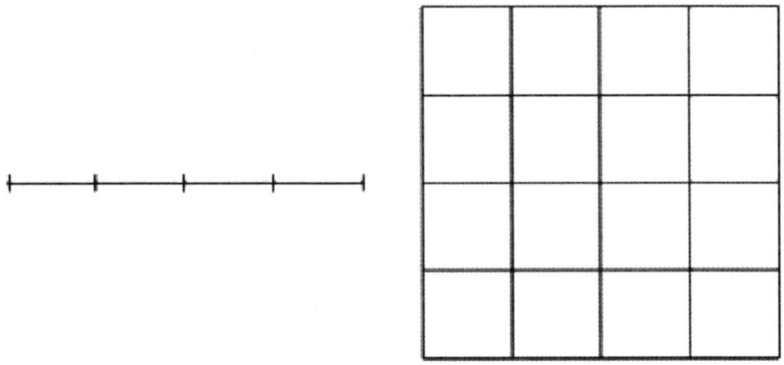

图 5-2 线和面

再举一例，进一步说明分形维度。

数学家们设想了许多不规则的几何图形，瑞典数学家柯奇于 1904 年首次提出了“柯奇曲线”，如图 5-3 所示。

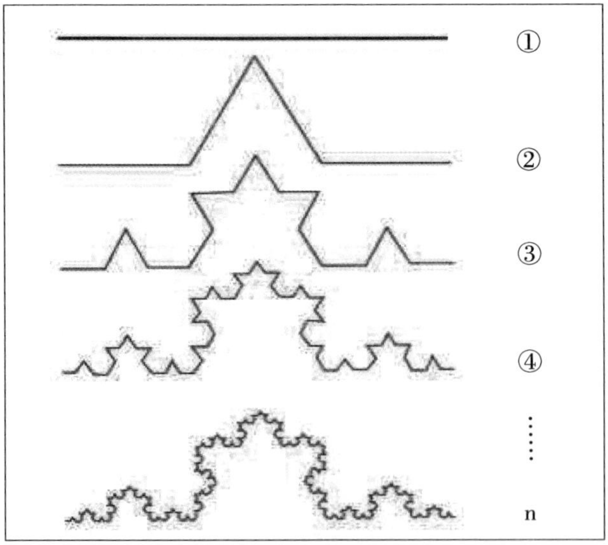


图 5-3 柯奇曲线

它的生成方法是把一条直线等分为三段，将中间一段用夹角为 60 度的两条等长的折线来代替，形成一个“生成元”。然后再把每个直线段用生成元进行代换，经无穷多次迭代后，就呈现出一条有无穷多弯曲的柯奇曲线，用它来模拟自然界中的海岸线是相当理想的。对于柯奇曲线来说，把它分成了四个等分，而每一等分是原来尺寸的 1/3，所以有 $N=4$ 和 $r=3$。由：

$$D=\ln N/\ln r$$

可以计算：

$$D=\ln 4/\ln 3\approx 1.262$$

将某一正三角形的三条边同时迭代成相同层级的柯奇曲线，则可得到柯奇雪花，如图 5-4 所示。

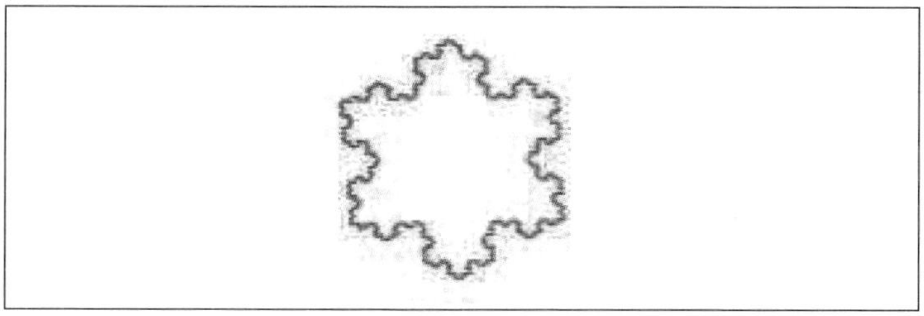

**图 5-4　柯奇雪花**

很显然，该雪花可被原正三角形的外接圆包含在内，因此该雪花所覆盖的面积是有限的。然而，该雪花的边长却是无限的。

分形维数及其自相似性都是数学本身的基本组成部分，分形几何不过是给了人们一种新的极其准确的方式去看待我们生存的生动世界。

## 四、分形应用

分形几何学已在自然界与物理学中得到了广泛应用。如在显微镜下观察落入溶液中的一粒花粉，会看见它不间断地做布朗运动，这是花粉在大量液体分子的无规则碰撞下表现的平均行为。布朗粒子的轨迹，由各种尺寸的折线连成。只要有足够的分辨率，就可以发现原以为是直线段的部分，其实是由大量更小尺度的折线连成，这是一种处处连续但又处处无导数的曲线。

在某些电化学反应中，电极附近沉积的固态物质，以不规则的树枝形状向外增长。受到污染的河流，粘在藻类植物上的颗粒和胶状物，不断因新的沉积而生长，成为带有许多须毛的枝条状。

一枝粗干可以分出不规则的枝杈，每个枝杈继续分为细杈……一棵大树分支的层级会达到 10 层之多，可以用分形几何学去测量。

有人研究了某些云彩边界的几何性质，发现存在从 1 千米到 1 000 千米的无标度区。小于 1 千米的云朵，更受地形概貌影响，大于 1 000 千米时，地球曲率开始起作用。大小两端都受到一定特征尺度的限制，中间有三个数量级的无标度区，分形就存在于这个中间区域。

近几年在流体力学不稳定性、光学双稳定、化学振荡反应等试验中，都实际测得了混沌吸引子，并从实验数据中计算出它们的分维。从实验数据测算分维是最近科学界的一大进展。

另外，分形不仅在衣物设计、生态模拟等方面有很多应用，而且在电子设备、金融领域也有相当多的应用，如分形设计使天线变小且使它们能接收到更广泛的频率，又如医学研究发现健康心跳的波形具有分形结构，等等。

## 五、分形图谱

### （一）康托尔尘埃

1883 年，德国数学家格奥尔格·康托尔提出了如今广为人知的康托尔尘埃，或称康托尔三分集。康托尔尘埃是很容易构造的，然而它却显示出许多典型的分形特征。它是从单位区间出发，再由这个区间不断地去掉部分子区间的过程。

康托尔三分集的构造过程如下。

（1）把封闭区间 [0,1] 平均分为三段，去掉中间的 1/3 部分，则只剩下两个封闭区间 [0,1/3] 和 [2/3,1]。

（2）将剩下的两个封闭区间各自平均分为三段，同样去掉中间的区间段，这时剩下四段封闭区间 [0,1/9]、[2/9,1/3]、[2/3,7/9] 和 [8/9,1]。

（3）重复删除每个小区间段中间的 1/3 段。如此不断地分割下去，最后剩下的各个小区间段就构成了康托尔三分集，如图 5-5 所示。

图 5-5　康托尔尘埃

其实康托尔尘埃的构造本身就具有严格的自相似结构，并且具有无穷小的细节，可以说康托尔三分集就是分形集。当时，康托尔是为了证明级数中的一些定理引进该三分集的，由于它的一些奇异的性质，当时被看作集合中的另类，从而忽视了康托尔三分集的重要性。如今康托尔尘埃经常在混沌和分形研究中遇到。既然它是分形，那么它的维数就可以采用前面讲述的方法进行计算。因为它有严格的自相似结构，如果按比例缩小 1/3，则它相当于两个原来的相似整体。康托尔尘埃是一种最简单的分形方式，无非是不停地将一条线段变成两条小点儿的线段。

值得一提的是，可以任意设置实线的迭代比例，而不是严格意义上的三等分。如图 5-6 所示，将康托尔尘埃按 0.45 比例进行迭代。

以 3D 视角观察 0.45 分裂比例的康托尔尘埃图形，如图 5-7 所示。

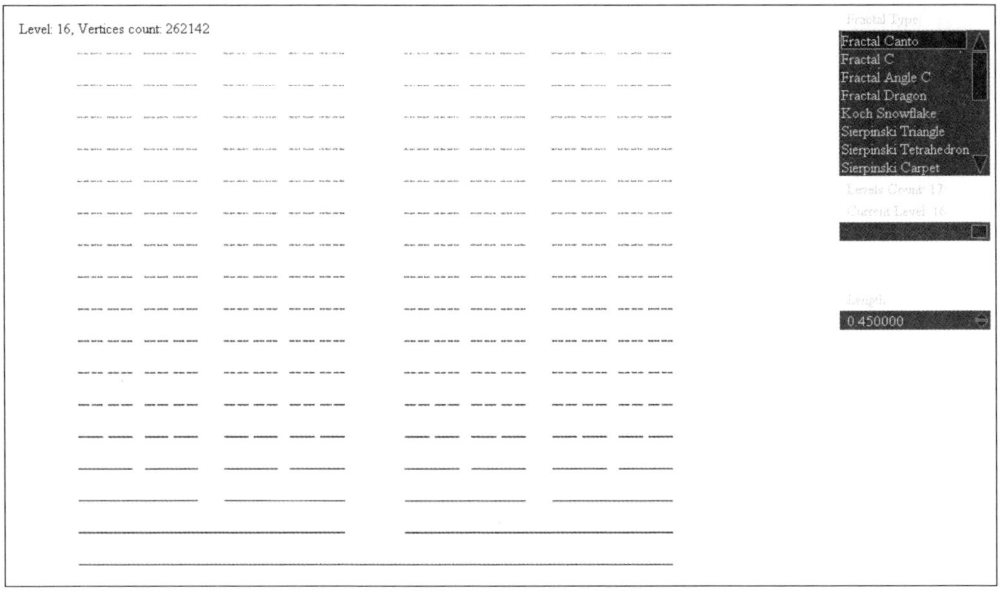


图 5-6 按 0.45 比例迭代的康托尔尘埃

图 5-7 以 3D 视角观察 0.45 分裂比例的康托尔尘埃

## (二)谢尔宾斯基三角形

在谢尔宾斯基三角形中，把三角形分成了 3 个相等的部分，每一部分的边长和高是原先三角形的 1/2，如图 5−8 所示。$N=3$、$r=2$，根据等式计算的结果是：

$$D=(\ln 3)/(\ln 2) \approx 1.584$$

**图 5−8　谢尔宾斯基三角形**

## （三）谢尔宾斯基地毯

谢尔宾斯基地毯，是由谢尔宾斯基于 1916 年提出的一种分形，是自相似集的一种。

谢尔宾斯基地毯的构造与谢尔宾斯基三角形相似，区别仅在于谢尔宾斯基地毯是以正方形而非等边三角形为基础。将一个实心正方形划分为 9 个小正方形，去掉中间的小正方形，再对余下的小正方形重复这一操作，便能得到谢尔宾斯基地毯，如图 5−9 所示。

## （四）皮亚诺曲线

用一条曲线即可把平面完全覆盖的最好例子是皮亚诺曲线。

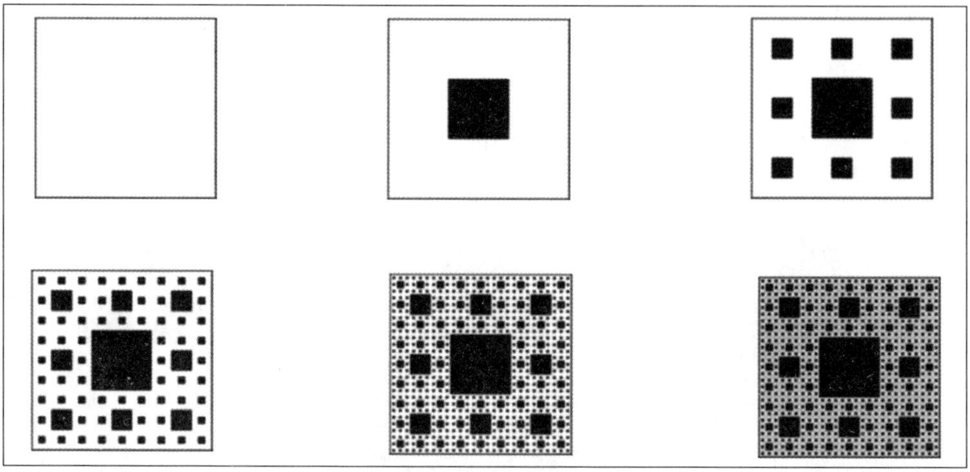

图 5-9　谢尔宾斯基地毯

皮亚诺曲线可定义为图中折线的极限。从图 5-10 可以看出，此曲线同样可以把平面完全覆盖。此曲线属于自相似结构，与柯奇曲线一样，是分形的一个例子，被称为非规整几何图形。该曲线的拓扑维度为 2，它能够填满正方形。

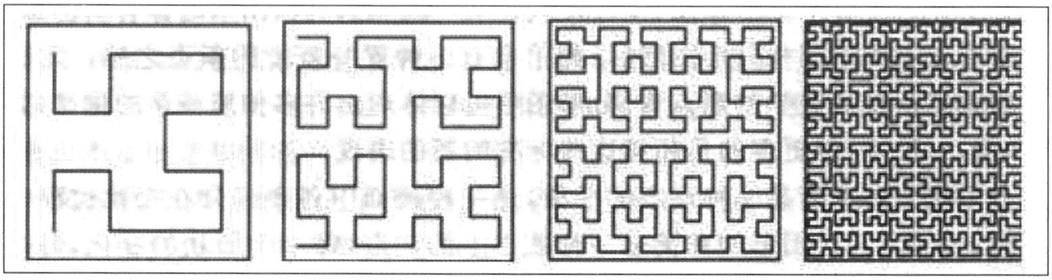

图 5-10　皮亚诺曲线

### （五）莱维曲线

莱维曲线是自相似的分形，最先由保罗·皮埃尔·莱维在 1938 年发表的论文《与整体相似的部分组成的平面或空间曲线和曲面》中描述和观察。莱维曲线分形是将一条线段不停地分成两条长度相等且相互垂直的线段而生成。图 5-11 所示为莱维曲线的 0～11 级分形。

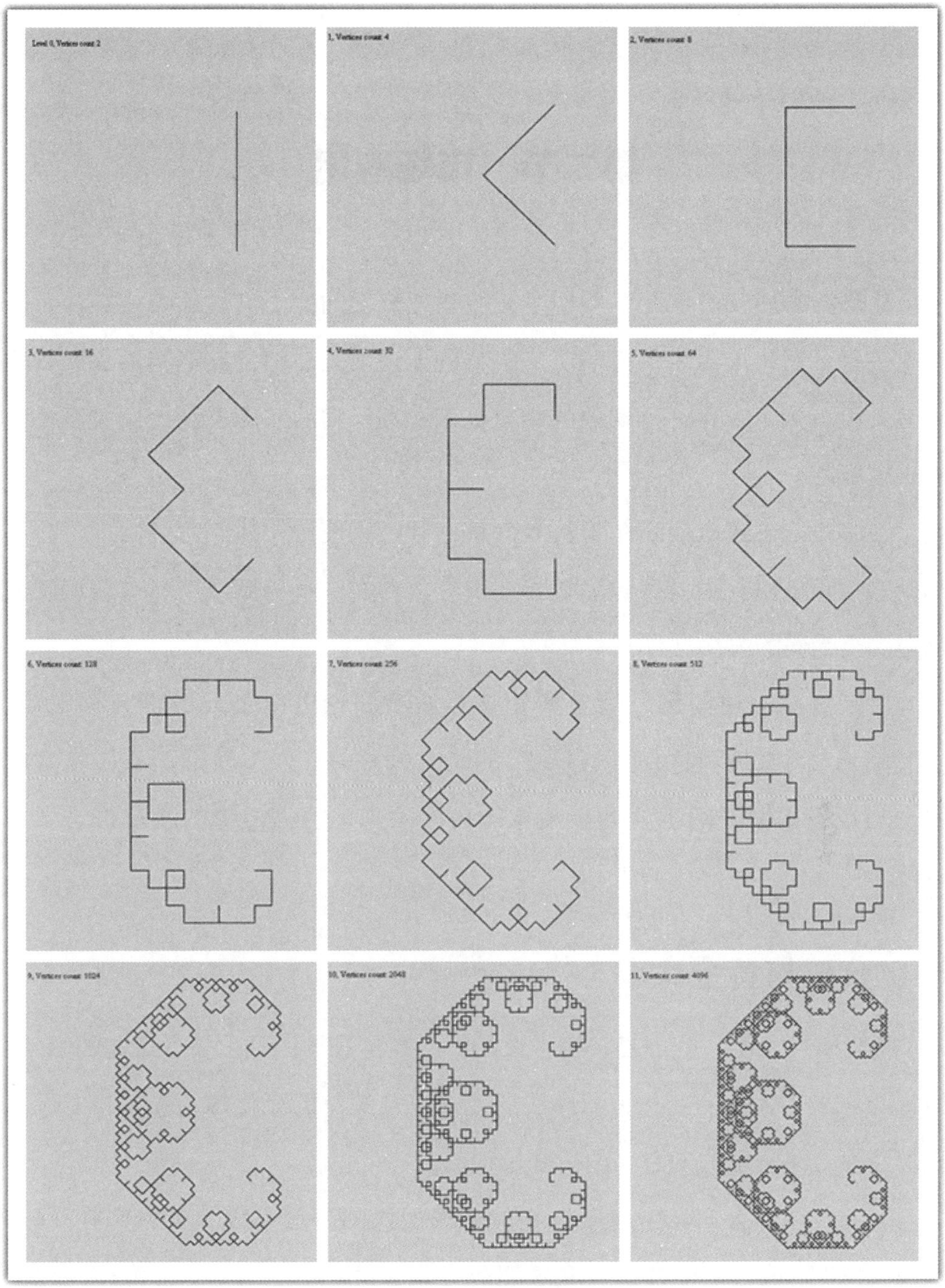

图 5-11　莱维曲线

# 第二节 市场应用

艾略特的最大贡献在于发现了波浪与波浪之间的价格波动幅度存在黄金比率关系，后来大量事例证明了艾略特的上述发现。但是艾略特本人及其追随者并没有揭示存在这种现象的内在机理，甚至将波浪形态及比例关系搞得越来越复杂。

波浪理论的致命缺陷在于其本身是一种经验理论，缺乏对波浪理论分析基础的逻辑证明，由此导致后继者在研究上存在许多模糊或不具有普遍意义甚至完全错误的方法。

为了解决上述问题，笔者多年来对波浪理论进行了大量研究与实践。本文结合当今数学与物理学界热门的研究领域——分形理论，从最基本的概念与逻辑出发，阐明波动是基本的自然法则，价格走势的波浪形态实属必然。

## 一、分形与黄金比率

科学研究表明，分形是普遍存在的。人类自身的细胞生长、细菌的繁殖、植物的生长、地貌的变化、海岸线的变迁以及天气的变化等，无不带有以自相似性为传递信息的无穷尽的衍变过程。

研究发现，大自然中客观存在的分形现象的分形维数大多聚集在 0.618 以及 1.618 附近，这不禁让人联想到黄金比率。理论上讲，分形维度可以有无穷多个取值，但有意义的肯定是那些特殊的数字。因此，有理由认为，客观事物的分形维度普遍具有黄金分割的特征。这意味着自然界众多庞杂无序的现象背后隐藏着惊人的秩序！黄金比率在一定意义上揭示了自然界随机系统分形特性的逻辑基础。

由此可以推断，维度 $D=0.618$ 的空间是 $D=1$ 的一维空间的黄金分割；维度 $D=1.618$ 的空间是 $D=0.618$ 的空间与 $D=1$ 的空间的叠加；维度 $D=2.618$ 的空间是 $D=1.618$ 的空间与 $D=1$ 的空间的叠加。由此可以得出，维度 $D=1.618$ 的空间是二维空间的一个特殊子空间，该子空间在二维空间中的表现就是一个完整的分形。

客观事物的运动变化并不总是均匀的、可重复的，但不均衡变化所具有的相关性是自然界普遍存在的现象，任何繁杂的看似无序的自然现象，都存在一定的内在联系；同时，每个具体的事物都具有区别于其他同类事物的个性特点，这说明自然界的随机性并非没有任何规律。分形维度的逻辑基础正是建立在这些自然法则之上，因此，可以说分形维度的逻辑规则与推论，一定程度上揭示了自然界众多无序现象的内在规律。

进一步研究表明，自然界普遍存在的相关性是量的叠加与质的非线性扩张，这正是自相似性的本质，也是黄金比率在现实世界中普遍存在的逻辑基础。这种普遍规律表明：系统中的元素如果具有无穷尽的叠加衍生关系，整体上必然表现出某种与黄金比率有关系的特征。最先发现黄金比率存在于价格波动中的人正是艾略特。

在一定程度上，金融市场上具有零和博弈性质的交易活动是典型的叠加运动，市场上的交易活动与以前甚至很长一段时间内的交易活动都有叠加逻辑关系，因此，价格运行图表中自然会表现出黄金分割关系。由此可以得出，充分体现黄金比率的价格区间必然对应的是一个相对完整的交易周期，这正是在市场中正确使用黄金比率的前提条件，反过来这又可以确定一个完整的交易周期。

## 二、分形与波浪理论

系统具有某些特征的随机运动是自然界存在的普遍现象之一。用数学方法描述即是一个由无穷多个具有某些共同属性的元素组成的系统，系统内每个元素的某种运动具有不确定性，描述系统整体的某些变量也具有随机性，系统的这些随机变量的时间坐标曲线则是一些无序的波动曲线。现实生活中属于这类性质的曲线很多，例如气象图、噪声图及大气污染、动植物生长状况、人类健康状况、产品质量控制、宏观经济数据研究等方面的某些变量曲线。

系统的随机性并不意味着系统的随机变量是不可量度的，而是说变量具有不可精确预测性。换句话说，人们只能知道变量的历史及当前已经发生的数值，将要发生的数值是不能精确确定的，这就确定了变量曲线的随机波动基础。一般情况下，系统的运动过程是渐进或者说是连续的，并不是跳跃式或突变式的。更严格地讲，系统从一个均衡状态演变到另一个均衡状态，是经历了无穷多个时间单位的运动，系统在每个时间单位的状态对应一个随机变量数值。无穷多个随机变量数值对应有限个宏观均衡状态，必然产生宏观变量的随机性。同时，随机理论证明变量的随机变动是围绕某一均值进行的，这就意味着系统宏观变量曲线具有波动性及连续性，而趋势运行的延续性正是技术分析的基本假设之一。

价格走势构成的是典型的随机波动系统。价格波动的直接因素是未来时间内参与交易的数量及其头寸的位置、方向都是不可精确测度的，间接因素是由于影响买卖交易的信息传播、资金供应、不同交易者的心理状态等方面具有不可测性。价格的随机波动是绝对的，时间越短交易量越大，价格波动的随机性就越强。价格随机波动的一个重要推论是，通常情况下，同一位置买和卖都有赚钱机会。真正赚钱与否，关键要看交易者的心态以及交易操作是否迅速果断。市场交易量越大，价格波动就越频繁，短线的机会就越多。

在一个流动性强的市场中，价格的随机波动总是包含某种平均趋势，这也是传统技术派所推崇的道氏理论的立论基础。价格走势的趋势性是指，在一定时期内价格在随机波动运动中，总体上包含向一个方向运动的趋势。这种价格运行的趋势性是由经济运行的周期性决定的。周期性是自然界发展变化的基本规律之一，经济运行的周期性表现为描述经济运行的价格曲线的波浪式变化。

用分形理论分析可知，价格的随机波动曲线具有分形的自相似性特征。价格波动曲线的分形与海岸线相似，具有近似 1.618 的分形维度，其分形形态不可能像柯奇曲线那样表现为精确的几何图形，随机性是这种曲线走势的基本特征。价格曲线的自相似性意义是突出随机过程中的关联效应，波浪理论中的五浪形态就是从分形理论中抽象出来的形态之一。

### （一）基本分形

价格曲线是价格随时间变化的坐标曲线。时间是连续的，价格的变化符合 $D$=1.618 分形维度，价格曲线的波动性是必然的，同时曲线具有自相似性。波动幅度的 1.618（0.618）关系是这种自相似性的基本特征之一。分形维度的特点已经决定了价格的波动曲线永远不可能完全复制历史走势，只是一定程度上的形似。

极坐标下中心对称空间的分形基本模式为“树杈”结构，如图 5-12 所示。平面直角坐标系下的时间价格曲线的基本分形模式为 N 字结构，如图 5-13 所示。$a$、$b$、$c$ 的长度具有黄金分割关系，N 字结构中的点 1、2、3、4 是 $D$=0.618 分形维度的相关点。

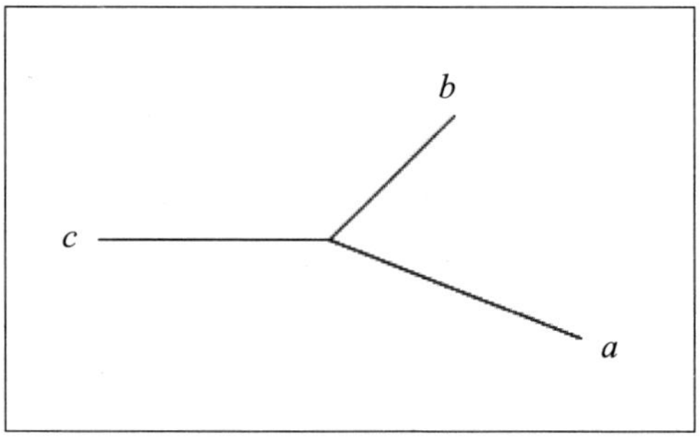


图 5-12　树杈结构

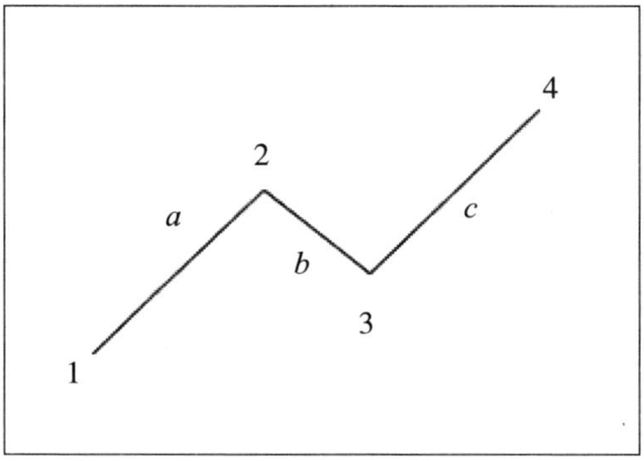


图 5-13　N 字结构

根据分形的 N 字结构，市场价格波动曲线的基本波动形态包括两种基本结构共 10 种形态，如图 5-14 所示，其中 *a*、*b*、*c* 含有黄金分割关系。

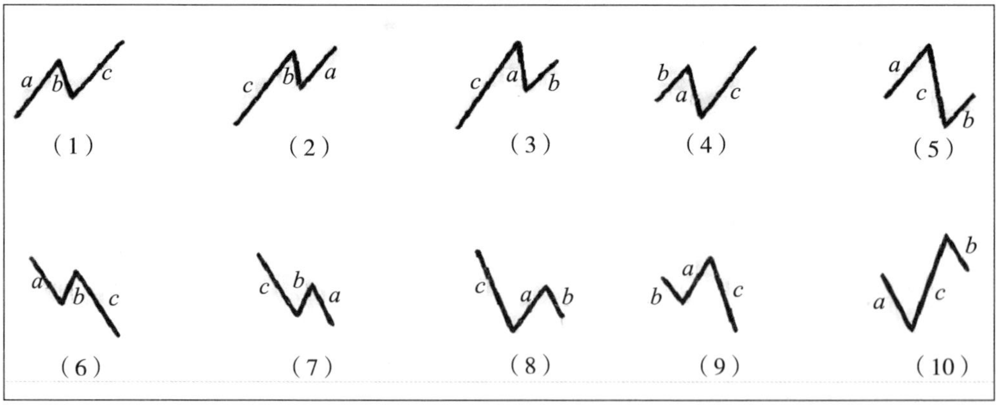


图 5-14　上排为正 N 字形，下排为反 N 字形

图 5-14 中，每个形态的 $a$、$b$、$c$ 线段都可以单独分裂出更小层次的类 N 字形。例如图 5-14 中第（1）个形态可以分裂出图 5-15 所示的形态，左边形态为 $c$ 线再分裂，中间形态为 $b$ 线再分裂，右边形态为 $a$、$b$ 两线同时再分裂。

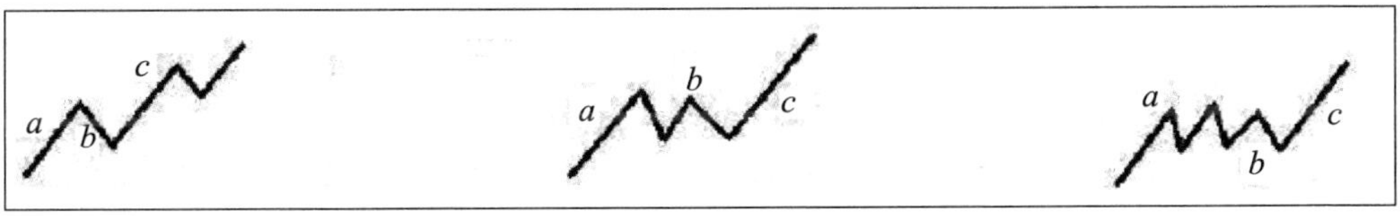


**图 5-15　再分裂**

周期是一个相对的概念，其本身也具有自相似性。广义上讲，一个运动变化的系统，某一描述系统全貌的量从小到大再从大到小的变化过程，就是一个相对完整的周期。对价格曲线来讲，也是由小逐渐增大到某一最大值以后又逐渐减小到某一最小值，此即为一个完整的周期。当然，这个周期可能仅仅是另一个更大周期的组成部分。从另一方面讲，该周期同时又包含着较小的变化周期，价格在大小周期更替演变过程中走出跌宕不定的行情。从周期的概念与基本分形的构造来看，一般只有正 N 字形与反 N 字形共同组成的图形结构才可能是一个相对完整的周期，这也符合自然界阴阳互补的法则。

价格波动曲线都是由图 5-14 中的 10 种形态以某种层次变化关系组合而成的。价格曲线最常见的波动形态是由图 5-14 中的（1）（2）（6）（7）组成的以下 4 种组合形态，如图 5-16 所示。

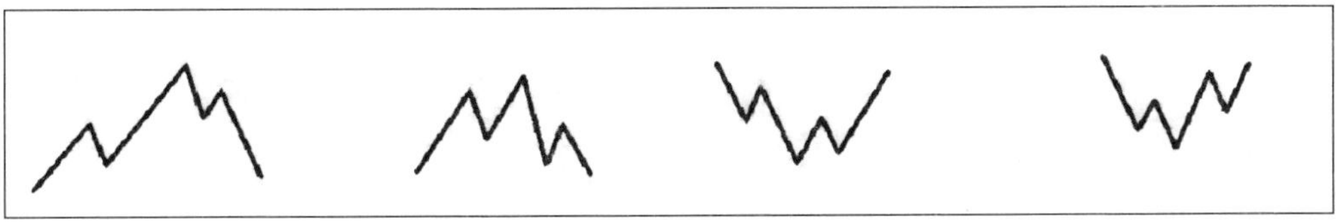

**图 5-16　4 种组合形态**

图 5–16 中的 4 种组合形态都是由两个对应的 N 字形态组成，这 4 种组合形态一般在反转或转势时期发生，黄金分割关系在这 4 种形态中往往表现得比较充分。价格曲线波动变化的这种形态规律，是由随机运动过程中的叠加衍生逻辑及其包含的黄金分割关系决定的。各种分形形态按不同的周期层次相互连接，最终组成价格的波动曲线。

依据上述原理，将图 5–16 组合中的一个升（降）线段再分裂成一个 N 字形态，就会得出艾略特提出的八浪形态，如图 5–17 所示。由此可知，艾略特的八浪形态其实就是价格曲线繁杂无穷尽的分形图中提取的一种简单化形态。

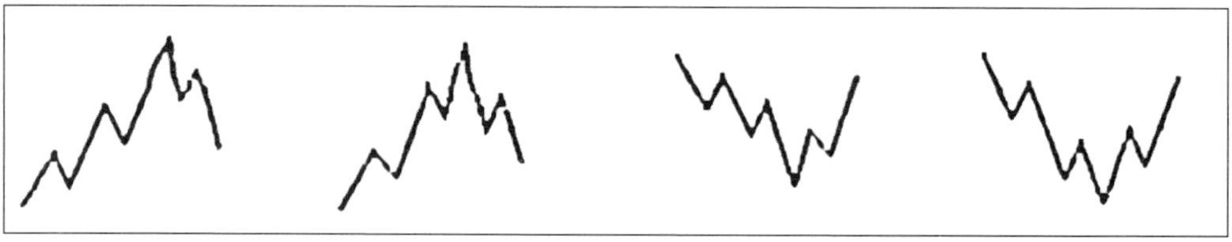

**图 5–17　八浪形态**

### （二）最近未来

关于“最近未来”的走势问题，参见图 5–18。仅仅从图 5–18 左图很难判断 $a$ 线为什么在点 2 转折，$b$ 线为什么在点 3 转折，因为与点 1 有 $D$=1.618 分形维度关系的不只是 2 和 3 两个点。这就需要从大与小多个视角来综合考虑，比如借助右图来考察 $a$、$b$、$c$ 与 $A$、$B$、$C$ 的关系，以及考虑 $a$、$b$、$c$ 次级走势形态。以判断右图的点 2 为例，$a$ 和 $C$ 有黄金比率关系，点 2 又受到点 $m$ 的支撑，因此 $a$ 线在点 2 转折的可能性很大，如果 $a$ 线的次级走势显示出买盘踊跃，那么点 2 成为 $a$ 线的转折点就成了大概率事件。同理，点 3 的出现使 $a$、$b$、$c$ 和 $A$、$B$、$C$ 有可能组成较完美的 N 字分形形态，因此这种走势出现的机会就会增加。分析其他具体走势可以依此类推。

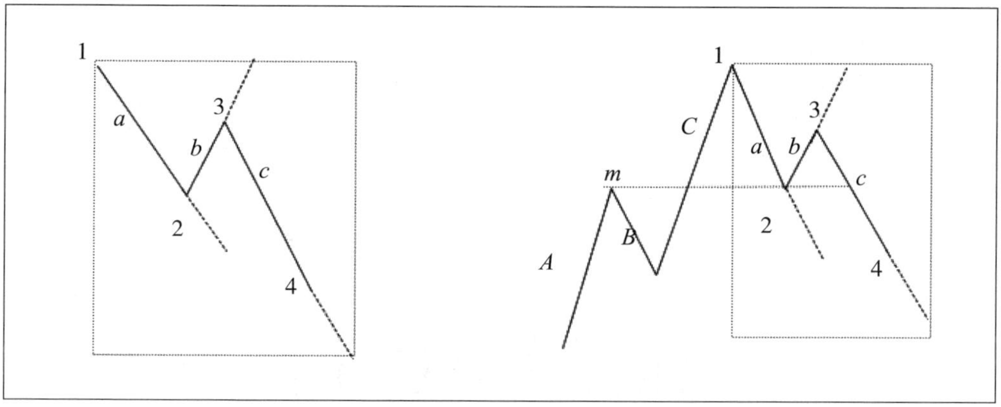


图 5-18 最近未来

## （三）量价关系

以上分析表明，价格曲线的分形形态是对其具体对应的量价关系的一种逻辑描述，量价关系是曲线分形的“质”，对量价关系宏观与微观的准确判断，无疑是正确确定价格曲线走势形态的基础手段。

价格与成交量的基本关系可以表述为如下几项。

（1）盘势过程中，价格和成交量变化都不大，波动曲线较密集；盘势中成交量不断增加，波动曲线密集区开始放大，预示价格有上涨的可能。

（2）升势中成交量不断放大，预示价格将继续上扬或再创新高，图形波幅将不断放大；升势中成交量变小，预示当前升势将结束或停止。

（3）跌势中成交量变小，预示跌势将反转；反之，跌势可能将继续。

（4）高位盘整中成交量减少而价位逐渐下调，预示资金支持可能不足，下跌概率增大。从分形角度来讲，价量关系变小则意味着行情将转升为跌。

# 第六章

# 波浪理论实战应用

# 第一节　波浪理论应用技巧

波浪理论是对道氏理论的继承和发扬，如能正确地加以应用，会对交易者的交易行为产生深远的影响。一般地说，波浪理论可以有如下几个方面的作用。

（1）宏观层面。最大一级的波浪形态可以帮助交易者把握市场运动的规律，预测整体市场的转折点，从而为战略性地把握买入和卖出时机提供一个有力的预测工具。

（2）在正确的数浪、准确地把握市场所处市势的情况下，根据市场所处的位置，在不同的位置采取不同的策略，最大化地实现盈利目标。

（3）通过整体市场和热点板块的波浪运行规律，找到优于市场的个股进行交易。

## 一、消息面

金融市场分析主要包括基本面分析、消息面分析、资金面分析、技术面分析以及心理面分析等。

喜欢做短线的朋友一定会经常性地遇到消息面的问题。首先，消息面无助于研究长线的趋势，它只能起到短时间的价格引导。消息面具体分为以下两种。

（1）超预期消息。消息远超人们的预期，比如，高层讲话、突然宣布重大政策，会在短时间内对投资者产生积极或消极的影响，此时极容易出现大阳或大阴行情。实战中，价格走出方向之前虽然会有小波动，但随着时间的推移，最终往往以方向型的大阳和大阴来应对此类超预期消息。

（2）预期内消息。消息在人们的预期范围内，比如，高层讲话没有指明方向，表现在技术走势上，则有时出现大行情，有时却波澜不惊，具有非常大的不确定性。从大的格局来看，此类消息爆出时，如果市场正在调整中，则短期消息或将导致行情继续调整；如果是在趋势行情中，短期消息发出后，行情仍将按照原有的趋势运行。

根据消息面的特性，结合波浪理论使用时，要寻找两者的共振点。

客观地评判消息，对于普通交易者来说具有高度不确定性，没有人能提前知道“高层的突发政策”或者“超预期的数据”，所以，这种不确定性对短线交易者就显得非常不利。

波浪理论可以提前对消息面做出反应，这是波浪理论自身所具备的高效价值。当有一个非常重大的消息要爆出时，人人都在观望之际，价格已经有很多走法，比如走出毫无规律的锯齿形调整。但这里如果走出横盘属性的平台形调整或者终结楔形等选择方向性突破的关键形态，此时，就更加显示出波浪理论具有提前指引消息的独特价值，此时交易者不必理会下一刻的消息面会发生什么，只需要按波浪理论的指引去做即可！因为往往消息发布之时，便是行情突破（跌破）之日。

复杂的事情简单化。根据消息出来后行情的波动情况来验证数浪方式的正确性。如果浪形结构显示此处面临突破（跌破），而消息出来后行情走势却是波澜不惊；如果浪形结构显示此处应为横盘整理，而消息出来后行情却选择了突破，当出现以上两种消息面与浪形结构不一致时，要记住，不是消息导致了你的数浪方式出错，而是即便此处没有消息，你的数浪方式依然会错！

## 二、实战技巧

数浪最大的要点在于随时观察价格变动，客观地认知市场，抛弃一切主观幻想与恐惧心理。只有从整体上把握了市场大致走势、价格变化形态和趋势，才可能较为准确地预测市场从牛市转向熊市或者从熊市转向牛市的转折点，才会在大家都盲目追高的时候意识到危机，及时撤出；在市场一片恐慌的时候提前预知市场底部已经形成，及时买进。

### （一）看大势者赚大钱

交易市场上，很多交易者采用多种交易方法没日没夜地做短线，不是被交易佣金吃掉盈利，就是被充满不确定性的市场反噬，年底算账怎么算都没有盈利。

笔者经过多年实战，通过血的教训得出这样一个结论：唯有看大势者才能赚大钱。看准机会，中长线拿到 10% 的利润，肯定比获取短线不确定的 1 个点的利润要保险得多。退一万步讲，即使偶尔做短线，也应该是在“看长做短”的前提下进行操作。

### （二）入场离场有门道

进场的关键在于宜迟不宜早，出场的关键在于宜早不宜迟。

进场的时候，当市场跌破关键点位时要重点关注，比如平台形调整的 C 浪破掉 A 浪位置，这些位置就是最好的进场位（做空）。大家知道，黄金比率是一个很好的参照，但市场可以在 0.382、0.500、0.618 这三个位置随意选择，不好确定，因此需要结合实际情况判断在什么地方破位，在这个靠近黄金比率的位置进场最为合理。对于这一点，实战越多越有体会。底部的位置比较危险，但等行情走出来又太迟，将这两点结合起来，在那“迟而不迟”的地方或许就是一次经典的进场位。

出场同样如此，出场是有所定、有所不定才能长久的，这里的功夫就在定与不定之间。定，在第 3 浪的第 5 子浪的位置出掉，在第 4 浪走平台形之后的第 5 浪的第 3 子浪的位置出掉；不定，在市场不愿意上涨和不愿意下跌的时候出掉，在应该发飙而不发飙的地方出掉，在市场级别发生转变的时候出掉。

“进于迟而不迟，出于早而不早”是基于长期经验的积累，其中更需要技术与艺术的有机结合，接下来的案例将体现这一点。

## （三）实战案例解析

### 1. 深证成指

2018 年 1 月大盘走出 11 连阳后，有的专家解读说这是“21 世纪以来最强势的上涨”。笔者当时却有自己的看法，当时笔者发表微博指出：

短期来说，在经历了所谓的“11 连阳”后，深证成指（399001）竟然连前期 11 月的高点都没有逾越，这能说明行情“强势”？长期来说，B 浪整整上升了 101 周，还没能填补 c 浪短短 5 周的跌幅，有这样的“慢牛”吗？大盘实际上是“外强中干”，C 浪下跌已经近在眼前，因终结楔形是 C 浪的常见形态，因此整个 2018 年或将处于单边下跌态势，建议投资者尽快出清手中持股，空仓待机。如图 6-1 所示。

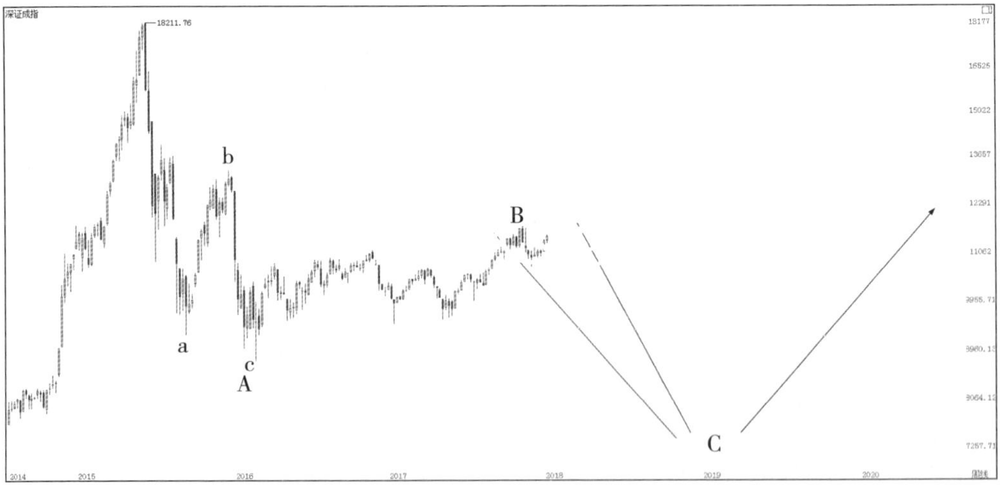


图 6-1　深证成指（399001）2014 年 7 月—2018 年 1 月的周 K 线图

## 2. 歌尔股份

2021 年 10 月，笔者发表微博指出：

歌尔股份作为消费电子龙头个股，自 2019 年 1 月 29 日的低点上涨以来，最高涨幅高达 741%。当前的分析倾向于上涨走势即将结束，之后将进行大的调整。如图 6-2 所示。

图 6-2　歌尔股份（002241）2018 年 11 月—2021 年 10 月的日 K 线图

从 2021 年 10 月至 2022 年 5 月，实际走势如图 6-3 所示。

图 6-3　歌尔股份（002241）2018 年 11 月—2022 年 5 月的日 K 线图

### 3. 湘财股份

2021 年 11 月初，笔者发表微博指出：

湘财股份从 2018 年 10 月 19 日到 2020 年 8 月 20 日的涨幅高达 543%，在证券板块个股中排名第三，但之后一直处于下跌调整形态当中。调整时间虽已超过一年，但当前分析调整形态还没有结束，如图 6-4 所示。

图 6-4　湘财股份（600095）2018 年 9 月—2021 年 11 月的日 K 线图

从 2021 年 11 月初至 2022 年 5 月，实际走势如图 6-5 所示。

图 6-5　湘财股份（600095）2018 年 9 月—2022 年 5 月的日 K 线图

# 第二节　波浪理论思维

在很多交易者眼中，波浪理论是一门令人既爱又恨的学问，市场中也因此分成截然对立的两派。恨之者认为这是一门精致的伪科学，爱之者认为它揭示了市场内在循环的奥秘。两派之间的相互攻击经常见诸笔端，但笔者经常告诉一些刚入市的交易新手，如果想做好交易，那就应该学好波浪理论的逻辑思维。

对波浪理论进行攻击的有利证据是，很多波浪分析者经常得出互相矛盾的结论。笔者随手从网上搜索了几篇波浪理论分析报告，观点如下。

（1）上证指数目前处于 C 浪中，其中 B 浪反弹接触的时空位置为 2021 年 12 月中旬的 3 708 点，如图 6-6 所示。

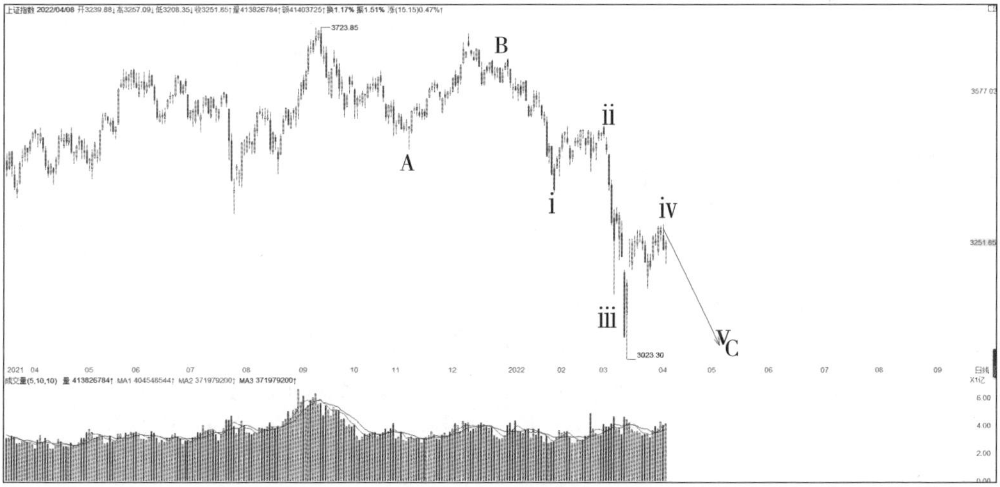


**图 6-6　上证指数（000001）2021 年 3 月—2022 年 4 月的日 K 线图**

（2）目前 C 浪调整已经结束，未来的市场高点应在 3 428 点区域，如图 6-7 所示。

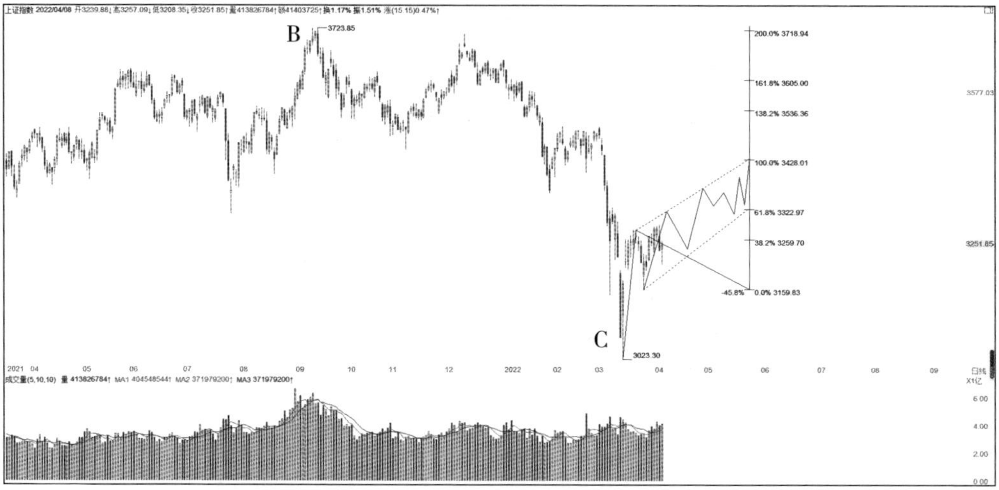


**图 6-7　上证指数（000001）2021 年 3 月—2022 年 4 月的日 K 线图**

（3）大盘或已结束第 4 浪回调，迎来第 5 浪上涨，如图 6-8 所示。

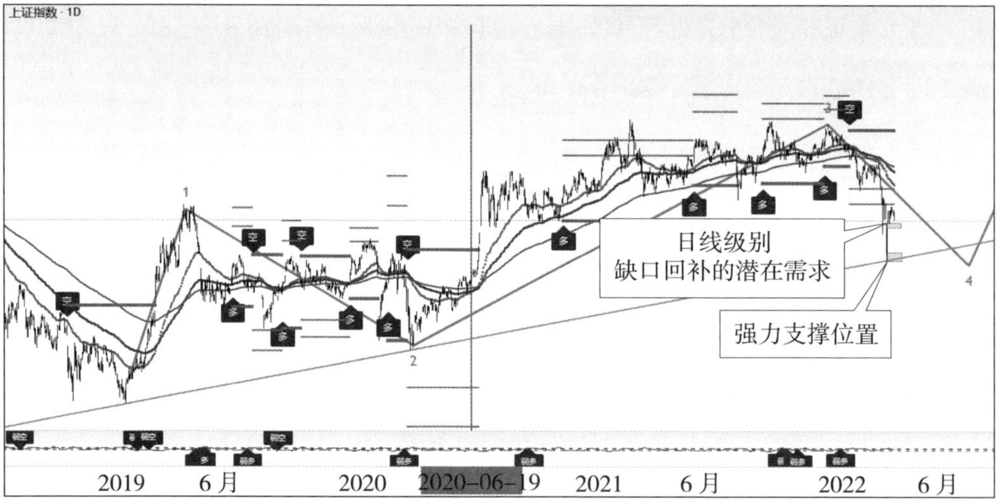


**图 6-8　上证指数（000001）2018 年 7 月—2022 年 4 月的日 K 线图**

图片来源：YCSHJWL（网名）

上述结论仅仅是针对短期市场走势做出的，如果把关注的视野放在更为广阔的时空领域，有关第 3 浪、第 5 浪、大 B 浪等种种划分方法更是不一而足。这些彼此相互对立的波形划分方法，并不会出现在同一个分析报告中，目前坊间可以见到的分析观点往往只分析出一种波形划分方法。

基于上述原因，大家经常可以看到，很多分析师认为 2022 年 3 月 C 浪已经结束，但如果后市再次出现下跌，他们就会话风一变，说大盘仍运行在 C 浪中；如果未来市场真的形成一轮上攻，之前看空的分析师又会摇身一变，变成看多。总而言之，他们从来不会承认自己出错。

为什么波浪理论会出现以上问题？这是因为大多数使用波浪理论进行分析的分析师并没有真正理解波浪理论的逻辑思维。当代国际波浪大师普莱切特指出，波浪理论提供的是一种首先限定可能性，然后按相对可能性排序的方法。波浪理论的效用是将可行的替代方案减到最少。这其中的最佳解释被称为“完美数浪”，是满足最多的波浪理论构成原则的一种方法，而其他解释也按照可能性的大小得到相应的排序。因此，面对任何特定场景出现的种种可能，正确使用波浪理论的方法是考虑所有的可能性和相应的概率顺序，而这种顺序是可以明确确定的。但不要把概率的顺序与肯定出现的某个特定结果看成等同的，只有在极少数的情况下，才有可能确切地知道市场的走势。基于概率论，大家应该明白，即使存在相当高的概率，也有出错的可能。

想通过波浪理论获利，就必须不断更新后备方案，以备不时之需。不断修正替代的波形划分方案，是正确使用波浪理论的重要组成部分。一旦市场出现意外，替代的备选方案即可成为新的优选方案。这就好比赛马士从一匹马上跌落下来的时候，可以立即骑上新的一匹马继续前进。

成功的交易者应该首先使用优选的数浪方案，保持交易策略永远与最有效的数浪方案契合。当市场没有按照优选方案运行时，迅速考虑最优替代方案，以此来适应不断变化的市场。根据不断调整的替代方案做出反应，可以使交易者在优选方案出错时同样保持盈利。

将波浪理论的逻辑思维运用到当下具体的盘面，可以得到几种截然不同的分析结果。如果市场在短期反弹以后继续出现调整，则市场依旧处于 C 浪调整中；如果市场的反弹高点超过 3 428 点，则可能存在的波形是反弹和新的升浪。区别反弹与新上攻行情的关键在于后续走势能否创出新高，同时也在于上攻结束后市场调整走势的变化轨迹。如果未来市场继续创出新的低点，则认为市场依旧处于 C 浪调整中，如果市场在 3 023 点以上结束调整，则市场有可能处于新的上攻行情的第 2 浪调整中。

类似的逻辑是任何一个交易者都必须具备的，即使不使用波浪理论，任何一名合格的职业交易者，也应该能准确地排列行情走势的多种可能。围棋界，在拥有段位的职业选手之间，最强的 9 段超一流选手与刚刚入段的职业选手之间的差距仅仅在不足两子之间。但职业选手与业余选手差别巨大，职业选手与业余选手之间的最大差别就在于职业选手逻辑思维的开放性。只有准确分辨出各种可能的方案与不同方案之间的相互转换，才有可能成为合格的职业选手。因此，想学好波浪理论，笔者最好的一个建议就是时刻保持逻辑思维的开放性。

## 第三节　波浪理论展望

### 一、基本面

翻开大盘走势图可以发现，上证指数从 2005 年 6 月 6 日见到历史大底 998 点，于 2007 年 10 月 16 日达到历史最高点 6 124 点后，上证综指一直处在熊市调整之中。2007 年至今跌多涨少，高点逐渐下压。造成这种情况的基本面因素主要有以下两个方面：一是股市扩容压力，二是宏观调控对股市产生了一定的负面影响。下面通过基本面三大因素来分析 A 股的未来动向。

### （一）国际因素

2022 年初，市场普遍预期美股再升后劲不足，甚至会有大的调整。但第一季度美股的跌幅明显小于 A 股，道琼斯工业平均指数守稳 32 000 点。北京时间 3 月 17 日凌晨两点，美联储宣布上调联邦基金利率目标区间 25 个基点到 0.25% 至 0.5%，为 2018 年 12 月以来首次加息。当日美股大涨 400 点，说明虽然市气飘忽，但支持力仍强。

市场人士担心美股升过头，并抱怨指数受一大群玩惯电脑的年轻基金经理所控制，股市成为另一种电子游戏，指数调整难以到位。但就美股走势来看，2022 年再创新高，亦并非没有可能。

美股已基本上充分反映公司盈利前景，只是在做多气氛下仍有憧憬而已，故大市已经变得十分飘忽，一有风吹草动就会大幅滑落。而对于 A 股来说，正在逐步改善的盈利前景和稳定的发展环境等利好消息，尚未在市盈率上充分反映，现在上证指数平均市盈率仅 16 倍，远低于历史最高 70 倍的水平，也大幅低于美股平均水平，所以 A 股在 2022 年第一季度尽管表现十分弱势，但底部支撑仍旧相当稳固。

疫情以来，日股突破 30 000 点大关后，刺激国际资本争相流入。韩国、马来西亚、印尼等股市也有外资趁低吸纳，到 2021 年累积升幅都已不小。比较之下，A 股的吸引力正在逐步增强。

### （二）国内因素

2021 年 12 月，中国央行全面降准 0.5 个百分点，释放长期资金约 1.2 万亿元，有助于中国经济保持平稳健康发展。疫情以来，外资追捧一些涨幅落后的股市，如日本、韩国股市，但目前已有较大升幅，故今后应留意外资机构投资者的焦点会否转向中国市场。对于 A 股市场未来的演变方向，多家大型基金管理公司普遍认为，短期内仍要保持审慎，但从中长期来看，有望逐步回升。

中国 2022 年第一季的经济表现十分出色，后疫情时代的经济和内部消费将逐季回升。从上市公司的业绩来看，市场预期到 2022 年下半年或 2023 年，公司盈利情况会有改善，按目前平均 16 倍的市盈率，A 股仍具有吸引力，短期的技术性下跌，难改长期上升趋势。

### （三）周期因素

2022 年将迎来基钦周期的谷底阶段，这意味着 2022 年亦是新的库存周期的开始，而股市往往会先于经济周期启动，因此在时间上是基本吻合的。有理由相信，目前中国股市正处在大调整的尾声阶段，投资操作上应该尽量排除短线思维，将目光放远一些，集中精力挑选有上涨潜力的股票，逢低逐步建仓，等待行情到来。

## 二、技术面

基本面对市场走势的影响往往能够通过技术分析方法进行解释，并能通过技术分析理论对未来加以预测。下面笔者着重对上证指数技术面进行阐述，以探寻股市未来的发展趋向。

### （一）波幅分析

由于 A 股市场相对比较年轻，因此流通性比较强，受各种政经因素的影响较大。但从四度空间来看，2020 年以来上证指数波幅较窄，只有不到 20%。2020 年 7 月至 2022 年 4 月，上证指数已在 3 540 点上下区间打横运行近两年，属于牛皮待变格局，2022 年第一季度因“俄乌冲突”利空向下突破。2022 年下半年至 2023 年，A 股如要突破近两年高位 3 731 点，首先要冲破近两年的价值中枢 3 540 点区域，如图 6–9 所示。

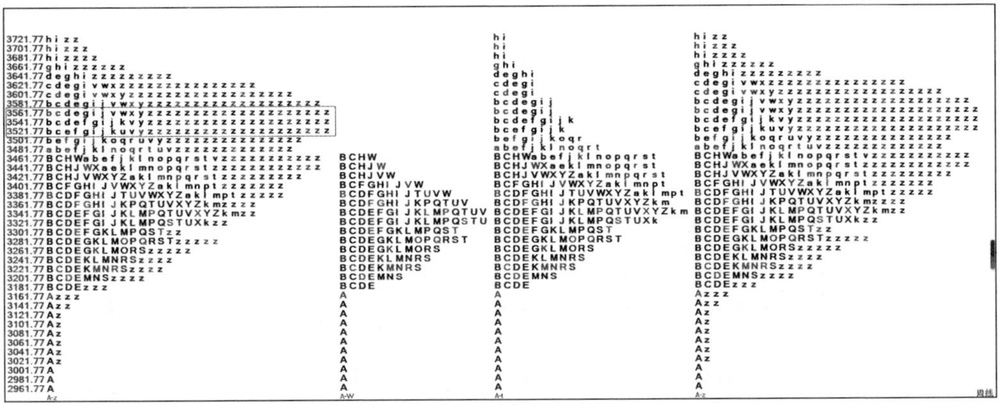

**图 6–9　上证指数（000001）2020 年 7 月—2022 年 4 月的周四度空间图**

## （二）量能分析

从成交量看，2021 年 9 月以来，成交量呈现出明显的递减态势。2021 年 9 月，上证指数临近 3 731 高点，该区域也成为日后上证指数上升的强阻力位。之后，成交量出现大幅萎缩。以后在成交量方面要留意两个动向：一是在 2021 年 9 月密集收集区的持货者会不会因信心动摇而大量沽售，二是留意疫情后涌向日本、韩国股市的资金以及从美股获利的资金会否转到市盈率相对较低的 A 股。如果有成交量配合，上证指数就有希望冲破 2021 年 2 月创下的 3 731 点高位，并扭转自 2020 年 7 月以来的牛皮走势，如图 6–10 所示。

## （三）涨跌分析

从指数及个股表现来看，2022 年年初虽然跌幅较大，但各大指数均未跌破 2020 年疫情低点，说明尽管此次跌幅较大，但此次调整仍旧为上升途中的调整。虽有部分个股涨幅已高，但有相当部分个股仍在低位徘徊，如果盈利前景改善，会有较大升幅，并对大市稳定起一定的支持作用。

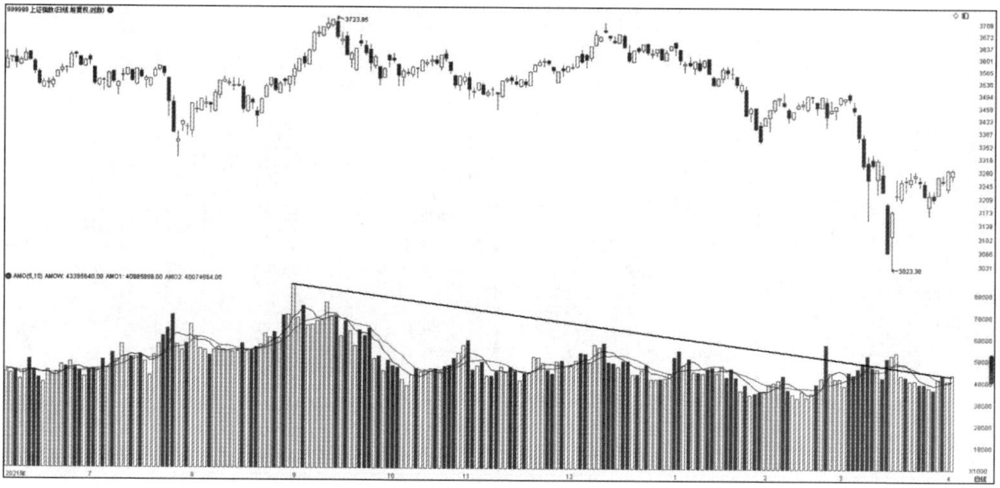

**图 6-10 上证指数（000001）2021 年 6 月—2022 年 4 月的日 K 线图**

## （四）形态分析

上证指数自 998 点历史大底至 2022 年 4 月已经历 17 年时间，若以 998 点和 2019 年 1 月 4 日的 2 440 点连线构成三角形下边，6 124 点与 2015 年 6 月 12 日的 5 178 点构成三角形上边，两条连线就组成了一个完整的大三角形态，一般大三角形态的出现即表示大盘趋势为整理形态。至今指数的活动区间始终没有超出过这个三角形，也就说明大盘的调整一直在持续。

作三角形顶角的平分线，此线可以清晰地反映出多空均衡点的运动趋势。该线对除 6 124 点和 5 178 点暴涨行情外的其他上涨行情都有着强劲的阻挡作用。

从 2009 年的 3 478 高点开始，行情已经连续六次受制于该线。2021 年大盘三次冲击 3 700 一线，就是股指寻求向上突破的强烈信号。但奈何顶角平分线的反压较大，市场又无足够上攻能量释放，均突破未果。由于此处并非最佳突破时机，因此大盘今后定会重新寻求向上突破。随着时间的推移，顶角平分线的阻力作用会逐渐减弱，而原始支撑线对大盘的支撑作用又相当强，所以大盘极可能在 2022 年下半年至 2023 年完成对 3 700 点一线的突破，如图 6-11 所示。

**图 6-11　上证指数（000001）2002 年 6 月—2022 年 4 月的月 K 线图**

## （五）趋势分析

大市的形态分析可以对未来趋势有一个大致的推测，而对于均线系统的研究，则能了解一定时间区域内多空力量的变化和大市的总体运动方向。

目前各均线分布情况为短期均线 MA5：3257、MA10：3249、MA20：3241；中期均线 MA30：3313、MA60：3410、MA120：3495；长期均线 MA200：3516、MA255：3509。

由此可以看出，中短期均线基本在 3 240 到 3 490 点一带，而长期均线则在 3 500 点以上。从均线理论看，如果所有中短期均线在长期均线之下，则表明大盘为空头市场，所以目前大市可定性为弱势。从长期均线运行趋势看，仍处于下行过程，特别是年线正在降低过程中，下行节奏不会很快减慢，因此长期趋势显示调整仍未结束。从中短期均线系统的排列情况看，5 日线与 10 日线纠缠，对股指产生短期压力，20 日线和 30 日线呈下行趋势，对大盘构成压力。2022 年年初以来，中短期均线一直为大空头扩散排列，3 月中旬以来逐渐开始收拢，并有凝聚之势。均线汇集意味着大盘将寻找新的突破方向，因汇集点逼近下降趋势线，所以短期很难实现有效突破，如图 6-12 所示。

**图 6-12　上证指数（000001）2021 年 6 月—2022 年 4 月的日 K 线图**

### （六）指标分析

从指标情况看，WR 为 -62.8；RSI 为 42.766；KDJ 的 J 值为 26.5。指标值均在弱市区域，以上指标至少说明大盘的下跌空间不大，如图 6-13 所示。

**图 6-13　上证指数（000001）2001 年 5 月—2022 年 4 月的月 K 线图**

从上证指数的周线图来看，若按 3 023 点与 3 731 点间的黄金分割中位数 0.5 计算，3 377 点区域是中短期重要阻力位，第二阻力位为 0.618 位置的 3 451 点区域，如图 6-14 所示。

**图 6-14　上证指数（000001）2020 年 8 月—2022 年 4 月的周 K 线图**

## （七）循环分析

上证指数由 2008 年 10 月的低位 1 664 点见底回升，在 2015 年 6 月的 5 178 点见顶，运行了 80 个月。倘若由顶至底也运行 80 个月，时间窗口在 2022 年 2 月左右出现，考虑到误差等因素，推迟几个月见底的可能性亦是存在的，如图 6-15 所示。

## （八）波浪分析

从中长线分析，上证指数两个数浪方式中期走势都向好。

第一，大三角形的 e 浪在运行中，倘若 e 浪见底，便可展开第 V 浪的长期大升浪。目前在运行中的 40 个月循环周期预期在 2022 年 5 月见底。通常来说，三角形的 e 浪可能比较短，上证指数或已于 2022 年 4 月见底，如图 6-16 所示。

图 6-15　上证指数（000001）2005 年 7 月—2022 年 5 月的月 K 线图

图 6-16　上证指数（000001）1994 年 2 月—2022 年 5 月的月 K 线图

第二，从另一种数浪方式来看，上证指数新的升浪或已于 2019 年 1 月悄然开启，如图 6-17 所示。

## 三、综合分析

综合上述分析，笔者认为，A 股在 2023 初可能会结束 2022 年 4 月以来的箱形整理行情。整体而言，2023 年行情会好于 2022 年。由于股市买的

**图 6-17　上证指数（000001）2018 年 7 月—2022 年 5 月的周 K 线图**

是预期，现股价已将经济和疫情的最差情况反映得七七八八，而中国经济和上市公司的经营环境正在好转，所以，尽管 2022 年经历了一定的回撤，但 2023 年 A 股的总体表现应是在波动中向上扬升，短期目标 3 377 到 3 450 之间，中期目标为 3 540 上下。2023 年，上证指数有可能在资金流入和利好消息的带动下升破近年高位 3 731 点。因此，投资者在 2023 年一季度既要留意市场大幅波动的风险，又可趁低吸纳，作中长线投资。

# 附录 A

# 黄金数列的奥秘

黄金数列体现出来的奥秘，令人不禁感叹大自然的鬼斧神工。黄金数列本身属于一个极为简单的数字排列，但其展现的各种特点，令人对大自然的奥秘感叹玄妙之余，更多了一分敬畏。这个神奇奥妙的数列隐藏在常见的事物中，从宏观看，如星系和飓风，从微观看，如细胞分裂，都有黄金数列的存在。由黄金数列衍生出来的0.618这个神奇的黄金比率，与人类和自然界同样有着密不可分的关系，许多事物的构成都和黄金比率高度相关。

一个黄金矩形可以不断地被分为正方形及较小的黄金矩形，通过这些正方形的端点（黄金分割点），可以描绘出一条黄金螺线，而螺线的中心正好是第一个黄金矩形及第二个黄金矩形的对角线交点，也是第二个黄金矩形与第三个黄金矩形的对角线交点，如图A-1所示。

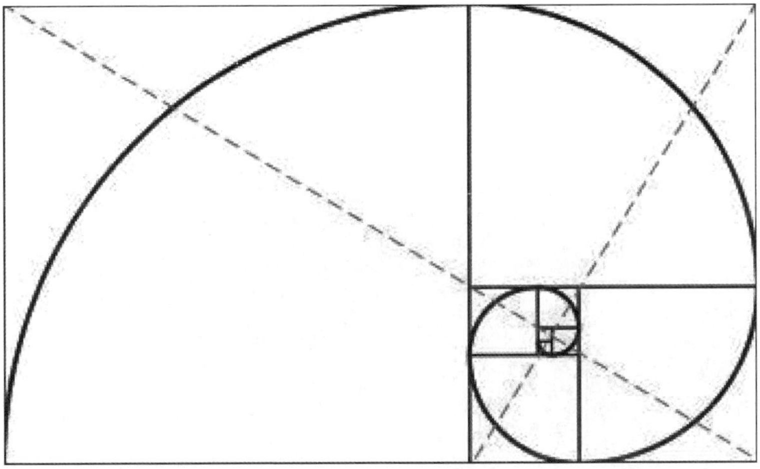

**图A-1 黄金矩形**

植物花瓣中也有一系列黄金数字。

就像楼房有楼层差别一样，花瓣通常会从内向外分成几轮，每一轮的花瓣数量又是固定的，植物学家给这个固定的数量取了一个名字叫“花基数”。一般来说，很多双子叶植物的花基数是5，而单子叶植物的花基数是3。虽然百合是 6 片花瓣的单子叶植物，但其实是每轮 3 瓣的两轮排列，花基数仍然是 3。

有些时候，植物必须考虑空间上的经济性。拿花序来说，一些植物必须安排尽可能多的小花在一起，以增强“小花群体”的吸引力，同时还需要减少小花之间的相互干扰，小花相互之间的重叠越少越好，以保证这些小花拥有平均的空间。模拟发现，每旋转 137.5 度安排一个花瓣是最合理的设计，实际中，菊科植物的花序就是这样安排的。

数一数从向日葵中心向外延伸的螺旋线便会发现，它们也与黄金数列有密切的联系。在有 300 个小花的向日葵花盘上，可以找到 34 条左旋的曲线和 21 条右旋的曲线。更大的花盘能找出更多条螺旋线，但是螺旋线的数目总是黄金数字，如左旋 55，右旋 34。类似地，人们还发现菠萝、松果的花和种子也是类似的排列，螺旋线有的是 8 条，有的是 13 条。8、13、21、34，这些都是黄金数字。不过，这样的排列是如何形成的，科学家们还没有找到答案。向日葵如图 A-2 所示。

**图 A-2　向日葵（图中公式为黄金数列公式）**

动物繁殖中也存在着黄金数列。除了斐波那契提出的兔子繁殖，另一个现实中的例子是鹦鹉螺以恒定速率生长，因此其外壳形成对数螺旋，以适应该生长而不改变形状，如图 A–3 所示。

图 A–3　鹦鹉螺

人体从脚底至头顶的距离和从肚脐至脚底的距离趋近于黄金比率，如图 A–4 所示。

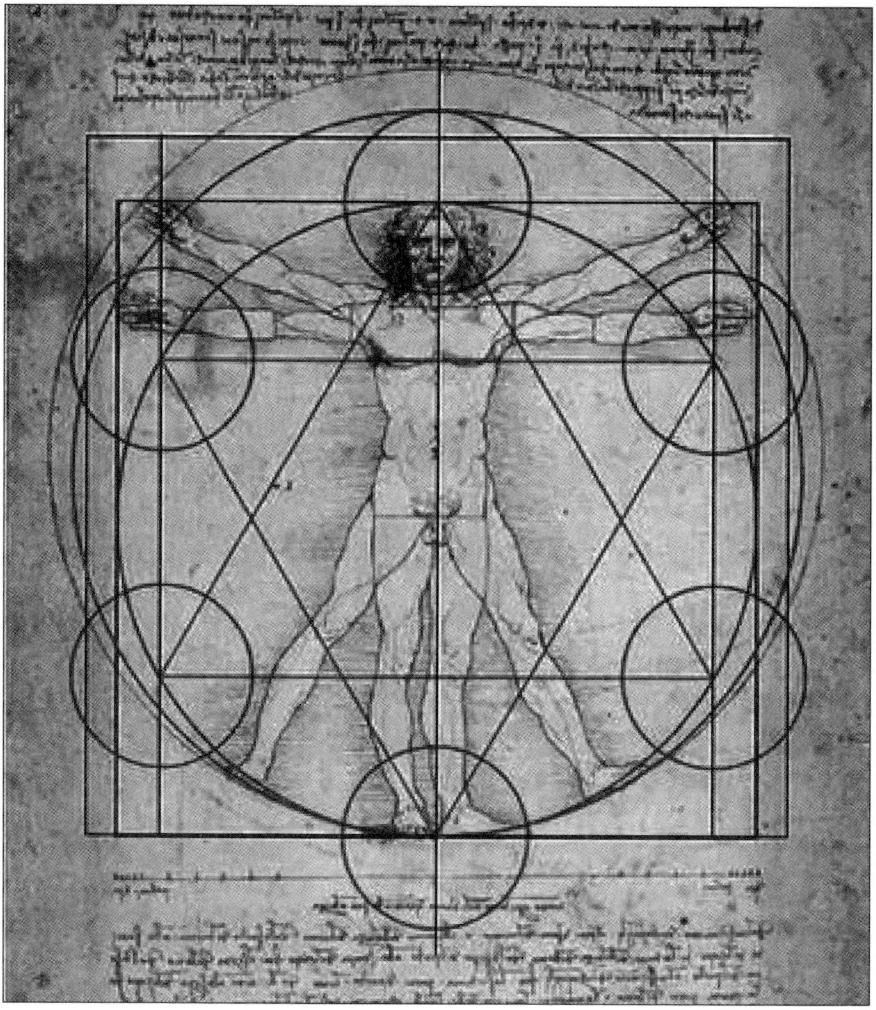

图 A-4 人体构造

黄金数列在建筑学方面也起着特殊的作用。在古代文明中，神圣几何[①]经常被用于建筑设计，从简单的螺旋到更复杂的设计。今天的神圣几何仍然用于规划和建造许多建筑物，如图 A-5 所示。

① 神圣几何，即黄金数列及黄金比率。

图 A-5　建筑物

大多数艺术品也与黄金数列有关，艺术家有时会故意把它融入艺术作品中，如图 A-6 所示。

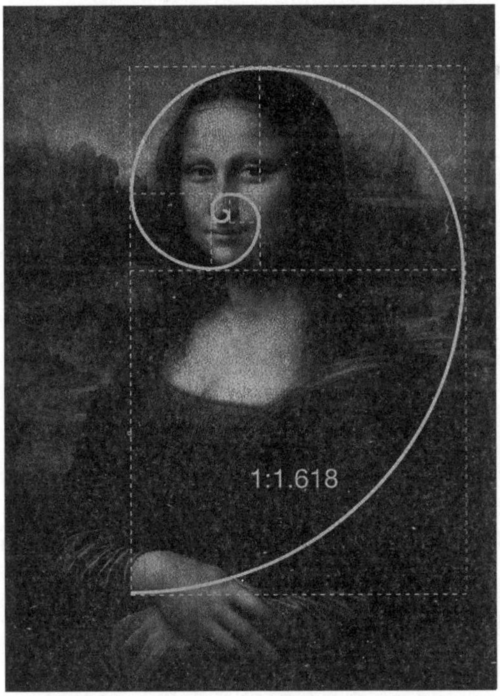


图 A-6　蒙娜丽莎

# 后 记

看到一篇文章，文章里引用了雷军的一句话：“永远不要试图用战术上的勤奋来掩饰战略上的懒惰。”

这句话让笔者感慨颇深。由此想起大学时候的几个同学，他们学习非常用功，成绩很好，毕业的时候顺利保研，继续深造。意外的是，他们研究生毕业后却陷入迷茫，不知道人生下一步该怎么走。这就是典型的战术上很勤奋，战略上很懒惰。7 年的时间里刻苦学习，这是战术上的勤奋，7 年时间都没有想清楚人生的努力方向，或者根本没有想过，这是战略上的懒惰。太多的人都在重复这样的错误，所以成功者凤毛麟角。

人生要想获得成功，首先应该确定大的战略方向。大方向错误的话，如果后续不能反省和调整，那么基本上很难成功。因此，一个人要想成功，首先应该非常勤奋地规划自己的人生战略，而不是只把时间用在所谓的“努力”上。

切换到交易上也是如此。当一个人决定以交易为生的时候，首先应该努力确定的是大的战略方向。何为“交易成功”？扪心自问，在开始做交易的时候，你是否想过这个问题？

简单谈谈笔者的想法：做交易和普通工作没什么区别，都是可以养家糊口的。交易的成功应该服从于人生的成功，因此，笔者对成功的交易者有以下几个方面的定义：

一是身体健康。这是人生幸福的基础，很难想象一个身患绝症的亿万富豪能有什么幸福可言。

二是家庭和睦。古人云：家和万事兴。一个人的幸福感与家庭和睦有很大的关系，所以你的交易事业应该得到家人的支持。

三是财务自由。笔者所认为的财务自由，大家可能非常不认同，因为大家认为的财务自由是动不动就要“1 个亿”起步。笔者认为财务自由是交易盈余能够满足日常开销，并且有 30% 以上的结余即可。

四是时间自由。可以和家人自由地做自己想做的事情。

五是心灵自由。在财务自由和时间自由的基础上，能成为一个脱离低级趣味、有着更高尚追求和心灵自由的人。

以上，把交易的战略目标确定下来了，那么接下来就是规划如何实现这一战略了。下面谈谈几个笔者认为的成功交易的前提。

第一，身体健康与家庭和睦。身体健康与家庭和睦既是战略目标又是战略前提。正如交易大师江恩所言：“除非你是健康的，否则不可能在任何事情上获得巨大的成功。”健康的身体是人生幸福的基础，没有健康的身体，人生幸福的根基就没了，还怎么去做交易？交易是一场马拉松，就算你赚得亿万财富，如果过度耗费身体，身体垮掉了，再多的钱也无济于事。家和万事兴，家庭和睦对交易成功太重要了，如果因为交易而毁掉了家庭，那就太不值得了。

第二，方向正确。交易的方向必须正确，一定要正确，千万要正确，否则，一切都没有意义！不要总是一味地去寻找那遥不可及的交易“圣杯”。篮球巨星科比为什么篮球打得那么好？有人问他打球的“圣杯”是什么，他笑着说：“你去打板上千次，然后每次问自己为什么失败，又为什么成功。把这些原因统统搞清楚，你就知道什么情况下该打，什么情况下不该打了。”

第三，性格适合。做任何事情都需要考虑性格因素，交易也不例外。交易能否成功，性格类型至关重要。有的人有性格缺陷，比如极端好赌，做不到出手止损，从来不懂反思，等等。这些在开始交易的时候如果不搞清楚，基本上就注定了失败的结局。“性格决定命运！”这从来都不是一句空话。

第四，高效工作。生活中偶尔会听到有人说某个人非常用功，一天工作十六七个小时。听到这里，一般人都会对其肃然起敬，却从来没有想过这个人工作十六七个小时，工作效率到底高不高？大家都有过这样的体验：身体极度疲乏的时候，工作效率是非常低的，即使强制自己工作，最后也是事倍功半。交易亦是如此，有些人每天投入十六七个小时去研究行情，去学习分析技术，试问你的效率如何？真的需要每天花这么多时间才能成功吗？记住，交易从来不以花费的时间长短论成败。

作为一个在市场上搏杀十五载的老将，在本书结尾，想告诉交易者一些肺腑之言：放弃不切实际的暴富梦想，锻炼身体，珍惜家人，你所要的不过是想以自己热爱的兴趣为生，你所需要的不是一年十倍、百倍的收益，你需要的仅仅是快乐地交易，把自己从不喜欢的工作中解放出来，有更多的时间去做自己想做的事情，有更多的时间陪伴家人，仅此而已！

祝愿读者朋友们早日实现自己的交易目标，心想事成！

江道波